Matthias Röhe

AF222751

Einsätze an Hamburgs Hafenkante

Buch über TV-Serie „Notruf Hafenkante"
Mit vielen Fotos vom Set!

Bibliografische Information der Deutschen Nationalbibliothek
Die Deutsche Nationalbibliothek verzeichnet diese Publikation in der Deutschen Nationalbibliothek; detaillierte bibliografische Daten sind im Internet über http://dnb.d-nb.de abrufbar.

Matthias Röhe

Einsätze an Hamburgs Hafenkante

„Notruf Hafenkante" ist mit bis zu 4,9 Millionen Zuschauern eine der erfolgreichsten Fernsehserien im Vorabendprogramm des Deutschen Fernsehens. Im Durchschnitt schauen sich etwa 3,6 Millionen Menschen jede einzelne Folge an. Dabei handelt es sich um eine Mischung aus Polizei-, Arzt- und Familienserie. Denn im Vordergrund stehen Geschichten aus dem Alltag der Hamburger Polizisten des Kommissariats 21 in der Speicherstadt, sowie den Ärzten aus dem Elbkrankenhaus. Kurzum: „Notruf Hafenkante" ist eine Serie über den Berufsalltag Hamburger Streifenpolizisten und Notärzten, eingebettet mit netten Geschichten Hamburger Bürger.
Das Motto ist stets: „Nah an der Realität sein". Die Grundidee stammt vom Hamburger Kiez. Auf St. Pauli gab es bis 1996 das Hafenkrankenhaus, das vorwiegend für die medizinische Versorgung von Festgenommenen diente. Es gab also ein Miteinander zwischen Ärzten und Polizisten – sozusagen das Drehbuch für „Notruf Hafenkante". Auch heute sind Streifen- und Rettungswagen oft gemeinsam am Einsatzort, wenn ein Notruf abgesetzt wird. Minuten entscheiden dann über Leben und Tod – über die Festnahmen von Tätern. Das Polizeikommissariat 21 liegt direkt an der Hafenkante. Dabei handelt es sich um eine Uferlinie, die an Neumühlen beginnt, den St. Pauli Landungsbrücken vorbeiführt und bis zur Speicherstadt und der neuen Hafen-City reicht.

Herstellung und Verlag: Books on Demand GmbH, Norderstedt
Gedruckt in Deutschland / Printed in Germany
ISBN-13: 978-3-8391-3169-5

6

Inhalt

Vorwort

Mit fast fünf Millionen Zuschauern ist „Notruf Hafenkante" eine der erfolgreichsten Fernsehserien im Vorabendprogramm des Deutschen Fernsehens. Im Durchschnitt schauen sich etwa 3,6 Millionen Menschen jede einzelne Folge an. „Notruf Hafenkante" erzählt über den spannenden Berufsalltag Hamburger Streifenpolizisten und Notärzte. Das Konzept ist einfach: Wenn ein Bürger den Notruf wählt und einen Unfall oder ein Verbrechen meldet, sind wenige Minuten später Streifen- und Rettungswagen oft gemeinsam am Einsatzort, um Menschen zu helfen. Dabei können Minuten entscheidend sein, um Opfer zu retten oder Straftäter dingfest zu machen. Polizei und Rettungsdienste arbeiten eng zusammen – genau das ist das Konzept der erfolgreichen TV-Serie „Notruf Hafenkante".

Das Polizeikommissariat 21 liegt direkt am Hamburger Hafen; genauer gesagt in Hamburgs historischer Speicherstadt. Diese wiederum liegt direkt an Hamburgs Hafenkante, einer unverwechselbaren Uferlinie, die vom Museumshafen Övelgönne über den bundesweit bekannten Fischmarkt, vorbei an den St. Pauli-Landungsbrücken bis hin zur neuen HafenCity führt. Nils Meermann, Melanie Hansen, Wolle Wollenberger, Henning Storm, Boje Thomforde, Franzi Jung und unter anderem Kai Norden bilden unter der Leitung von Revierchef Martin Berger ein beinahe unschlagbares Team – auch wenn sie alle niemals in ein und derselben Folge auftauchen. Denn seit der Ausstrahlung der ersten Folge am 4. Januar 2007 gab es mehrfache Formationswechsel. Ihre Polizeiarbeit führt die Beamten des Öfteren ins nahe gelegene Elbkrankenhaus (EKH). Dort versorgen Dr. Anna Jacobi, Dr. Juliane Dietrich oder Dr. Jasmin Jonas in der Notaufnahme die Patienten, die von Philipp Haase , Malte Olsen oder Arne Lübbe eingeliefert wurden. Die Teams von Polizeikommissariat 21 und Elbkrankenhaus arbeiten allerdings nicht nur beruflich Hand in Hand: Nils und Anna sind ein Paar und versuchen, sich mit Annas elfjährigem Sohn Ole ein gemeinsames Leben aufzubauen. Das ist oft nicht einfach, denn beide haben Berufe, die sie ganz fordern und wenig Zeit fürs Private lassen. Beruflich haben Anna und Nils oft mit verschiedenen Seiten ein und desselben Falles zu tun: Während Nils und seine Kollegen polizeilich ermitteln, leisten Anna und das Rettungsteam des EKH erste medizinische Hilfe. Dabei spielt es keine Rolle, ob es sich um Opfer oder Täter handelt. Konflikte sind verständlicherweise vorprogrammiert: wenn die ärztliche Schweigepflicht nicht verletzt werden darf oder der Gesundheitszustand eines Patienten eine dringend benötigte Zeugenaussage nicht zulässt, knallt schon ab und an zwischen den beiden. Umgekehrt kann es aber auch Anna sein, die hinter einer angeblich harmlosen Verletzung oder einer seltsamen Erkrankung einen Fall vermutet und sodann die Polizei einschaltet.

Neben Thomas Scharff und Marie-Lou Sellem spielen Frank Vockroth, Rhea Harder, Markus Knüfken, Sanna Englund, Peer Jäger, Harald Maack, Balder Beyer, Fabian Harloff, André Willmund und unter anderem Maike Bollow in durchgehenden Rollen in der TV-Serie mit. Hautnah, spannend, packend und realistisch wird in „Notruf Hafenkante" von der gemeinsamen Arbeit von Polizisten und Notärzten erzählt. Damit verbindet die Serie erstmals im deutschen Fernsehen die beiden erfolgreichsten Formate – Krimi- und Arztserie – in einem Konzept. Alles zusammen nicht als künstliches Gebilde, sondern abgeschaut aus der Realität. Hamburgs bekannte Davidwache auf der berühmten Reeperbahn, deren Fälle oft ins ehemalige Hafenkrankenhaus (nur wenige Meter Luftlinie entfernt) führten, diente den Drehbuchautoren als Vorlage. Viele Schauspieler fuhren tatsächlich mit „echten" Polizisten auf Streife, um einen realistischen Eindruck des Polizeidienstes zu bekommen. Gleiches gilt für die Darsteller, die die Ärzte und Rettungsassistenten verkörpern. Auch sie haben zum Großteil im Rahmen eines Schnupperpraktikums den „echten" Ärzten über die Schulter geschaut.

Damit kommt dem Fernsehzuschauer die Serie nicht nur authentisch vor, sondern sie ist auch authentisch. Mit Ausnahme der Innenaufnahmen des PK 21 und des Krankenhauses wird die Serie komplett an Originalschauplätzen in Hamburg und Umgebung gedreht. Das Buch gibt Einzelheiten über die Drehorte der Serie, beschreibt die Charaktere der Polizisten und Ärzte und stellt die Hauptdarsteller vor. Natürlich sind auch berühmte Gastdarsteller berücksichtigt: so standen schon Katja Studt, Rolf Becker, Nina Hoger, Mariella Ahrens oder beispielsweise Katy Karrenbauer vor der Kamera und wirkten in einzelnen Folgen mit.

Hamburgs Hafenkante – wo genau ist sie?

Letztendlich ist Hamburgs Hafenkante, wenn man so will, der gesamte Großraum Hamburg. Was im Fernsehen nur wenige Meter vom Polizeikommissariat 21 beziehungs vom Elbkrankenhaus entfernt liegt, ist in der Realität schon mal bis zu 30 Kilometer weit entfernt. Denn die Filmcrew dreht in Eimsbüttel, Mümmelmannsberg, Hummelsbüttel oder beispielsweise Osdorf. In ganz Hamburg eben. Dennoch gibt es immer wiederkehrende Kulissen, die von der Filmcrew ausgewählt werden.

Das Einsatzgebiet des Polizeikommissariats 21: von Wedel über Altona bis hin zur HafenCity. Oftmals haben die Kollegen Franzi Jung und Kai Norden beziehungsweise Bernd Thomforde, sowie Melanie Hansen und Henning Storm beziehungsweise Mattes Seeler Einsätze in Elbnähe. Ob illegales Feuer am Elbstrand, ein Banküberfall, Straßenraub oder Autodiebstahl – der Hamburger Hafen mit Elbe sind im Hintergrund in vielen Folgen zu sehen... Auch die Kollegen des Elbkrankenhauses fahren mit ihren Einsatzwagen die Hafenkante entlang.

Die Außendrehorte für die Hauptsets liegen auf oder in Sichtweite der Spitze der Kehrwieder-Insel am Anfang der Speicherstadt. **Das Elbkrankenhaus** (EKH) befindet sich zwischen den U-Bahn-Haltestellen Baumwall und Rödingsmarkt und ist gegenüber von der Kehrwiederspitze. Das EKH ist in Wirklichkeit das Oberhafenamt. Zum Aufgabengebiet des Oberhafenamtes gehört die präventive Wahrnehmung, vorhersehbare Störungen rechtzeitig zu erkennen und entsprechende Maßnahmen zu ergreifen. Das Oberhafenamt trägt wesentlich zur Produktivität des Hamburger Hafens bei. Das Gebäude wird ausschließlich von außen gefilmt und mit einer Buchstaben-Animation auf dem Dach in den Folgen gezeigt.

Das **Polizeikommissariat 21**: Das Gebäude befindet sich direkt an der Kehrwiederspitze in der Speicherstadt und ist in Wirklichkeit das Wasserschutzpolizei-Revier WSPF 22. Über dem Eingang (an der Stelle, an der das schwarze Fahrzeug steht) ist im Fernsehen der Schriftzug „Polizei" zu sehen. Es wird immer nur für Dreharbeiten der Serie an der Wand befestigt. Die Wasserschutzpolizei

ist zuständig für die Hafensicherheit und Überprüfung von Schiffen mit gefährlichen Gütern an Bord. Zudem bildet die generelle Sicherheit auf der Elbe einen Schwerpunkt der Hamburger Wasserschutzpolizei. Die Beamten fahnden, ermitteln bei Seeunfällen, verfolgen Umweltdelikte, Ordnungswidrigkeiten und Straftaten in der See-, Binnen- und Sportschifffahrt und sorgen für die Einhaltung von Sicherheitsvorschriften.

Speicherstadt / HafenCity

Für die Serie „Notruf Hafenkante" allerdings wurde aus der Wasserschutzpolizei im Handumdrehen die Schutzpolizei mit integrierter Kriminalpolizei (Polizeikommissariat 21). Das Gebäude passt ideal zum Drehbuch: schließlich liegt es im warsten Sinne des Wortes direkt an der Hafenkante. Von hier starten die Polizisten Franzi Jung, Kai Norden, Mattes Seeler, sowie Melanie Hansen, Henning Storm, Mattes Seeler und Bernd Thomforde ihre Streifenfahrten. Da das „echte" Revier selten von Streifenwagen heimgesucht wird, stellt das Filmteam an Ta-

en des Drehs Mietfahrzeuge auf den angrenzenden Parkplatz, die wie echte Polizeidienstfahrzeuge aussehen – mit Aufschrift „Polizei", Blaulicht und besonderen Kennzeichen versehen. Die Innenaufnahmen allerdings werden komplett in einem leerstehenden Gebäude in Ochsenzoll beziehungsweise Hummelbüttel produziert.

14

Die Innenaufnahmen des **Polizeikommissariats 21** wurden einschließlich bis zur dritten Staffel komplett in einem leerstehenden Gebäude des Klinikums Ochsenzoll im Hamburger Norden gedreht. Auf dem großen Betriebsgelände des AK Ochsenzolls wurde eine Etage eines Gebäudes komplett in eine Polizeiwache umgebaut: mit einem Verhörraum, mehreren Gefangenenzellen, einem Großraumbüro für die Beamten und ein separates Bürozimmer für den Chef. Die Filmcrew achtete bei der Gestaltung auf Kleinigkeiten; so wurden Poster mit Eigenwerbung der Landespolizei an den Wänden angebracht, Bildschirmschoner mit dem Logo der Hamburger Polizei versehen und die Büroeinrichtung allgemein mit Utensilien ausgestattet, wie sie bei der „echten" Polizei üblich ist. Seit der vierten Staffel dreht das Filmteam die

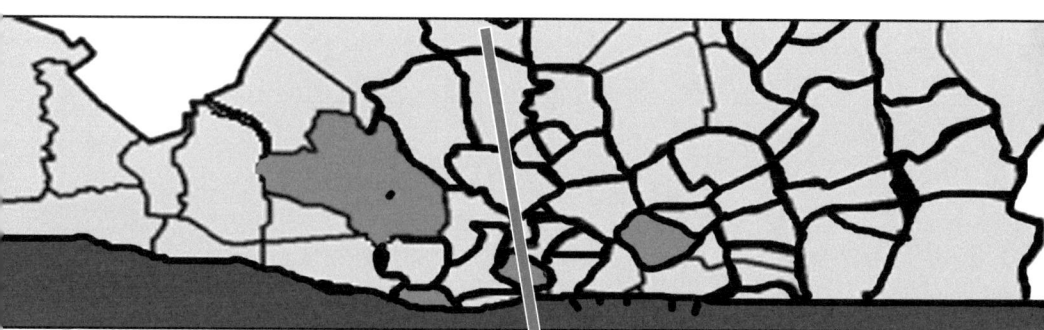

Das Großraumbüro des **Polizeikommissariats 21**: hier schieben die Polizisten unter der Leitung von Martin Berger ihren Dienst. Es handelt sich um ein nachgebautes Revier mit Schreibtischen, PCs und Formularen.

Innenaufnahmen des Polizeikommissariats in einem leerstehenden Bürogebäude im Hamburger Stadtteil Hummelsbüttel. In der Straße Lademannbogen (in der Nähe des Flughafens Hamburg) ist in einer Art Lagerhalle das Revier nachgebaut worden. Die Fotos auf dieser Seite zeigen das nachgebaute Revier. Polizeikommissaranwärter Mattes Seeler (gespielt von Matthias Schloo) begrüßt am Tresen die Kundschaft der Polizei – wie im echten Leben...

Auch im Lademannbogen hat die Filmcrew keine Kosten und Mühen gescheut, mit vielen Details ein Polizeikommissariat nachzubauen. Auch hier mit Verhörraum, Gefangenenzellen, Großraumbüro, sowie Einzelbüro für den Revierleiter.

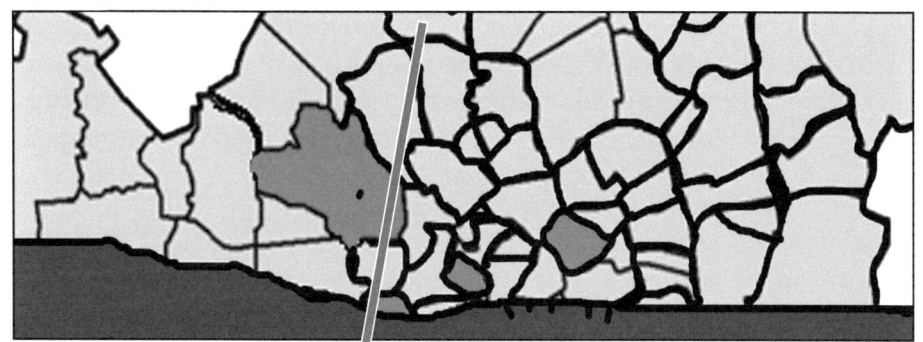

Auch die **Innenaufnahmen des Elbkrankenhauses** (EKH) wurden bis einschließlich der dritten Staffel ebenfalls in einem leerstehenden Gebäude des Klinikums Ochsenzoll im Hamburger Norden gedreht. Auf dem großen Betriebsgelände des AK Ochsenzolls wurde eine komplette Etage in ein Krankenhaus umgebaut: mit einem typischen langen Flur (auf dem Patienten, Besucher und Krankenhauspersonal auf und ab gehen), mehreren Krankenzimmern, Besucherräumen, Schwesterzimmern und Operationssälen und Aufwachrräumen. Auch im Krankenhaus war das Filmteam sehr genau und achtete auf Details, wie Beschilderungen, Hinweisschildern oder beispielsweise Merkblättern mit Patienteninformationen. Auch die einzelnen Krankenzimmer sind originalgetreu nachgebaut worden. Das einzige was fehlt sind die für ein Krankenhaus typischen Gerüche. Aber die sind fürs Fernsehen ja sowieso von keiner Bedeutung – Geruchsfernsehen gibt es noch nicht. Seit der vierten Staffel dreht das Filmteam die Innenaufnahmen des EKH in einem leerstehenden Bürogebäude im Hamburger Stadtteil Hummelsbüttel. In der Straße Lademannbogen ist, wie auch das Polizeikommissariat 21, in einer Art Lagerhalle das Krankenhaus nachgebaut worden. Das Foto auf dieser Seite zeigt einen Teil des nachgebauten EKH. Es ist der Eingangsbereich zur Notaufnahme, in der unter anderem Dr. Philipp Haase (gespielt von Fabian Harloff) verletzte Personen retten. Neben Dr. Haase sind im Elbkrankenhaus unter anderem Notärztin Dr. Jasmin Jonas (Gerit Kling) und Psychologe Dr. Philipp Rost (Simon Böer) zu finden. Spannende und actionreiche Szenen werden im nachgebauten Krankenhaus produziert. Der Krankenhaustrakt allein umfasst fast 150 Quadratmeter Fläche, auf denen sich das Filmteam austoben kann. Wenn allerdings Kamera, Beleuchtung und sonstiges Equipment aufgebaut ist, entsteht schon mal eine Enge...

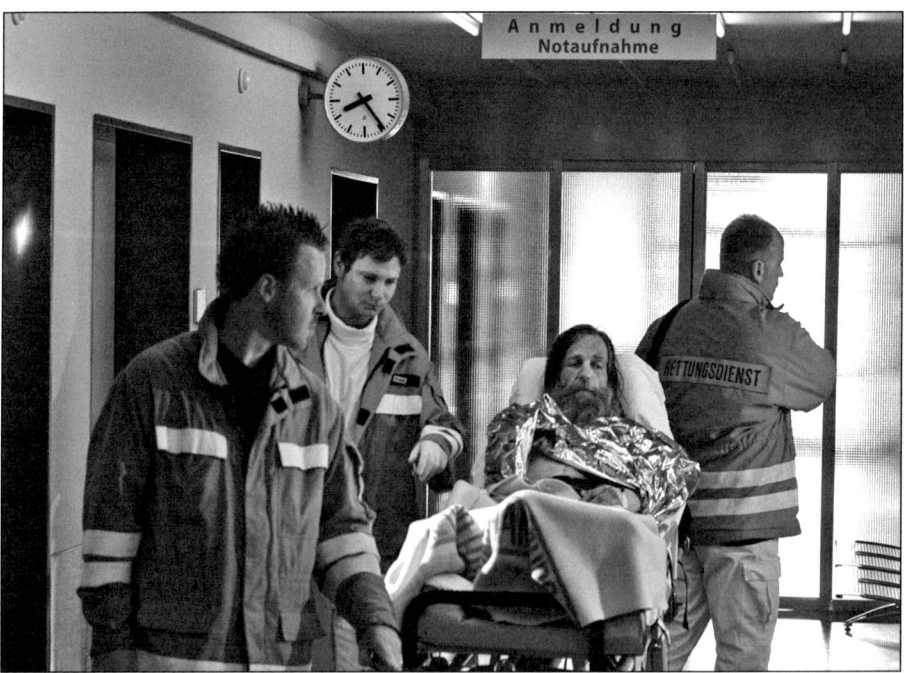

Sieht aus wie in einem echten Krankenhaus: der Eingangsbereich zur Notaufnahme des EKH. Dieses Szenenfoto entstand bei Dreharbeiten auf dem Gelände des AK Ochsenzoll im Jahr 2007.

18

Das Foto oben zeigt Dr. Philipp Haase (gespielt von Fabian Harloff), Dr. Anna Jacobi (Marie-Lou Sellem) und Rettungsassistent Malte Ohlsen (André Willmund) im Eingangsbereich zur Notaufnahme. Dr. Anna Jacobi und ihr Rettungsteam leisten medizinische Hilfe, egal, ob es sich um Opfer oder Täter handelt. Wenn kriminelle Menschen eingeliefert werden, tauchen oftmals die Polizisten des PK 21 im EKH auf – und verbinden dann Berufliches mit Privatem. So sind Nils Meermann und Anna Jacobi ein Paar und versuchen, sich mit Annas elfjährigem Sohn Ole ein gemeinsames Leben aufzubauen. Weitere Paarbindungen verschmelzen den Arbeitsalltag zwischen Polizei und Krankenhaus.

Wiederkehrende Kulissen für die Serie Notruf Hafenkante sind unter anderem die **Speicherstadt** und die angrenzende **HafenCity**. Die Filmcrew macht aber auch des öfteren einen Stop in Eimsbüttel. In der dortigen **Lenz-Siedlung** werden meist die urigen Hochhäuser als Kulisse benutzt.

Anhand solcher Halte- oder Parkverbotsschilder weist die Produktionsfirma schon mehrere Tage vorher auf Dreharbeiten hin. Mit ein bisschen Glück ist dann ein Zuschauen möglich.

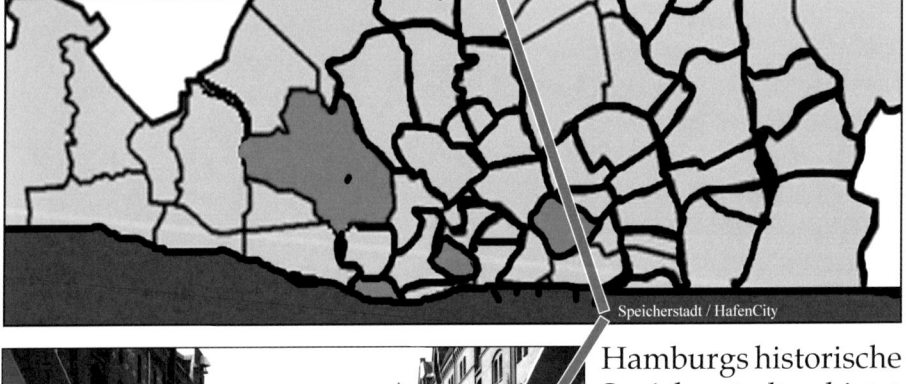

Speicherstadt / HafenCity

Hamburgs historische Speicherstadt bietet fast unzählige Kulissen. Auch Notruf Hafenkante spielt in vielen Folgen in den alten Lagerhallen und Speicherböden, manche Gewaltverbrecher werden dort zurecht gewiesen und hinterher festgenommen.

Die so genannte Lenz-Siedlung in Eimsbüttel (U-Bahn Lutterothstraße) ist beliebte Kulisse. Schon des öfteren wurden dort verschiedene Szenen gedreht.

Dem Filmteam von Notruf Hafenkante sind die Hochhäuser in der Lenz-Siedlung aber manches Mal nicht hoch genug! Dann geht es aufs Dach der Jugendherberge auf St. Pauli. Das Foto oben zeigt einen Teil der Filmcrew bei Dreharbeiten für eine neue Folge – vom Dach aus hat das Team eine schöne Aussicht auf den Hafen und St. Pauli.

21

Wiederkehrende Kulissen sind ferner verschiedene Motive direkt am Hamburger Hafen. Ob die **St. Pauli Landungsbrücken,** der Fischmarkt oder der Museumshafen Övelgönne. Das Team dreht auch **rund um die Außenalster** und kommt mit ihrem Fahrzeugkonvoi ins **Portugiesenviertel** gefahren.

Auch die **Reeperbahn**, hier die Davidwache, dient als Kulisse.

Finden Sie die 20 Lösungswörter
Das Notruf Hafenkante-Suchrätsel

```
Ö T H O M A S S C H A R F F K R T W
Z H E I D E L B E R G O A Z D F W
D V U S C H M I C H A E L S O L T A U E
F I P O L I Z E I O B E R R A T T A D K
R C K R T L K P O B E R Ä R Z T I N V H
T T R W E S T E R H O L Z O P K 2 1 T
L O T P A S T O R V B A H N L K W T E
R R H K O M P A R S E Z U H A U S H I
O I A N G E L I K A M I L S T E R A N
G A F A B I A N H A R L O F F N O Z Y G
A B C B E R L I N O T A R Z T E I T
L O B E R D E T H E A B E R L I N N A
L N W A S S E R S C H U T Z P O L I Z E I
H N H U G H B E T H A M B U R G A P
H M A N F E D D E R N E U D O R F L N
1 E U S E R N L 8 C W K 8 9 H 1 9 7 N
F 2 0 0 6 L 1 9 H E N N I N G E H R
G O B E R H A F E N A M T H G 4 6 H K
G H U M M E L S B Ü T T E L H 2 0 0 7
I L O V E V I C C I A U S B E R L I N M R
```

1. Welchen Beruf übt Philipp Haase aus?
2. In welchem Programm wird die Serie ausgestrahlt?
3. Wer verkörpert den Polizeihauptkommissar Nils Meermann?
4. Welche Rolle spielt Uwe Fellensiek (Vorname der Serienrolle)?
5. Welches Gebäude (es steht in der Speicherstadt) dient als Kulisse des Polizeikommissariats 21?
6. In welchem Jahr begannen die Dreharbeiten für die Serie?
7. Wer spielt den Rettungsassistenten Arne Lübbe?
8. In welcher Stadt spielt die Serie Notruf Hafenkante?
9. Welche Berufsbezeichnung trifft auf Martin Berger zu?
10. In welchem Stadtteil werden die Innenaufnahmen des EKH gedreht?

11. Abkürzung für Polizeikommissariat 21?
12. Welchen Beruf übt Dr. Juliane Dietrich im Elbkrankenhaus aus?
13. Wer komponierte die Titelmelodie der Serie Notruf Hafenkante?
14. Wie heißt die 19. Folge?
15. Wer spielt den Polizisten Henning Storm?
16. Abkürzung des Elbkrankenhauses.
17. Wie heißt die 80. Folge?
18. Wer spielt den Arzt Dr. Haase?
19. Wo wurde Sanna Englund geboren?
20. Welche Rolle spielt Markus Knüfken?

Für Sie ist es eine Kleinigkeit, den Vornamen von Dr. Haase zu nennen? Sie wissen den Beruf von Oliver Sander und kennen die Stadt, in der Notruf Hafenkante gedreht wird? Ferner wissen Sie, wie Rhea Harder in der Rolle als Franziska Jung mit Spitznamen angesprochen wird? Sie kennen sich auch mit dem Inhalt der Folgen aus und würden über sich selbst sagen, dass Sie gut Bescheid wissen über Notruf Hafenkante? Dann ist dieses Rätsel ein Leichtes für Sie! Beantworten Sie ganz einfach die Fragen und finden Sie die Lösung im Buchstabensalat auf Seite 24. Die Lösungen finden Sie sowohl waagerecht als auch senkrecht, nicht aber diagonal. Viel Spaß!

Foto-Visite bei Notruf Hafenkante

Dr. Philipp Haase (Fabian Harloff) und Malte Ohlsen (André Willmund) im Elbkrankenhaus.

Melanie Hansen (Sanna Englund) und Nils Meermann (Thomas Scharff) vor dem Polizeikommissariat 21.

Polizeikommissaranwärter Mattes Seeler
hat alle Hände voll zu tun – im Empfangs-
bereich des Polizeikommissariats 21.

*Die Außenalster ist ein
beliebter Drehort...*

Peter Leitl (Christian Tramitz) ist Hauptkommissar bei der Münchner Polizei. Ein Austauschprogramm führt ihn nach Hamburg.

Mattes Seeler (gespielt von Matthias Schloo) an den Landungsbrücken.

29

Hauptkommissar Nils Meermann *(Thomas Scharff)* und **Oberkommissarin Melanie Hansen** *(Sanna Englund) vor dem PK 21.*

Hamburgs Hafenkante: *hier fahren die Polizisten des Kommissariats 21 und die Ärzte des Elbkrankenhauses Streife und Einsätze.*

31

Fabian Harloff
als Assistenzarzt
Dr. Philipp Haase

Peer Jäger als
Revierleiter
Martin Berger

André Willmund als
Rettungsassistent
Malte Olsen

Mattes Seeler
(Matthias
Schloo)
mit gezogener
Polizeipistole.

Peter Leitl (Christian Tramitz) ist Hauptkommissar bei der Münchner Polizei. Im Rahmen eines Austauschprogramms schiebt der Beamte für ein paar Wochen in Hamburg seinen Dienst.

Rhea Harder als **Franziska „Franzi" Jung** *(Polizeimeisterin) und Frank Vockroth als* **Bernd „Boje" Thomforde** *(Polizeioberkommissar). Die beiden Hamburger Polizisten fahren nicht nur an der Hafenkante Streife, sondern sind auch im Stadtteil Marienthal unterwegs.*

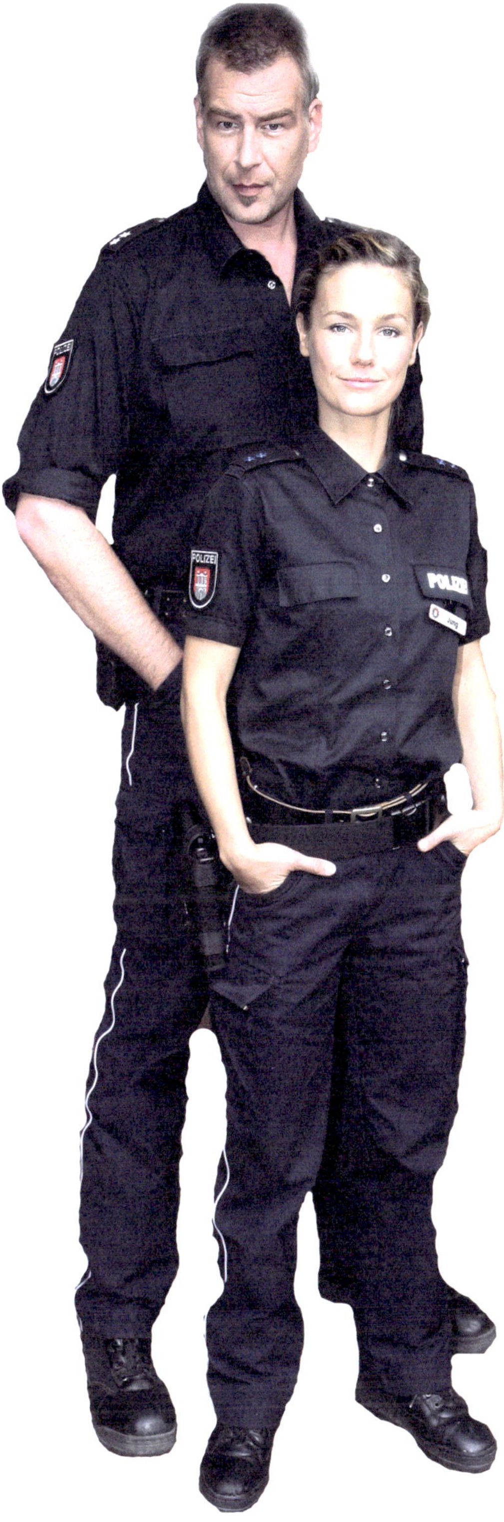
POLIZEI
POLIZEI
Jung

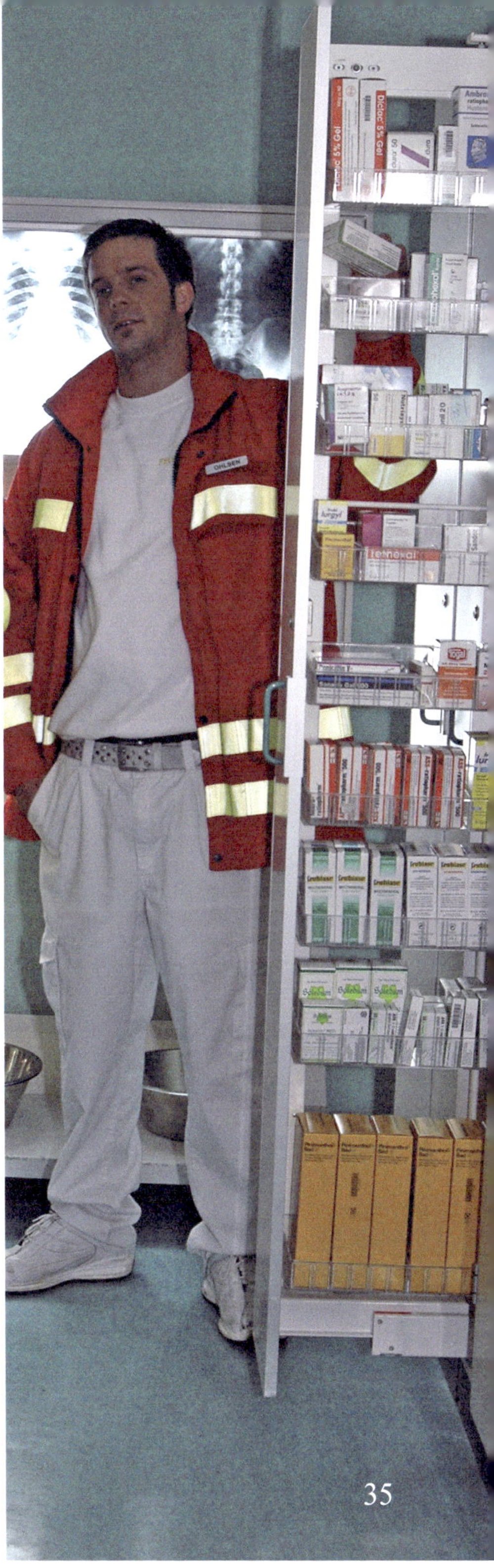
OHLSEN

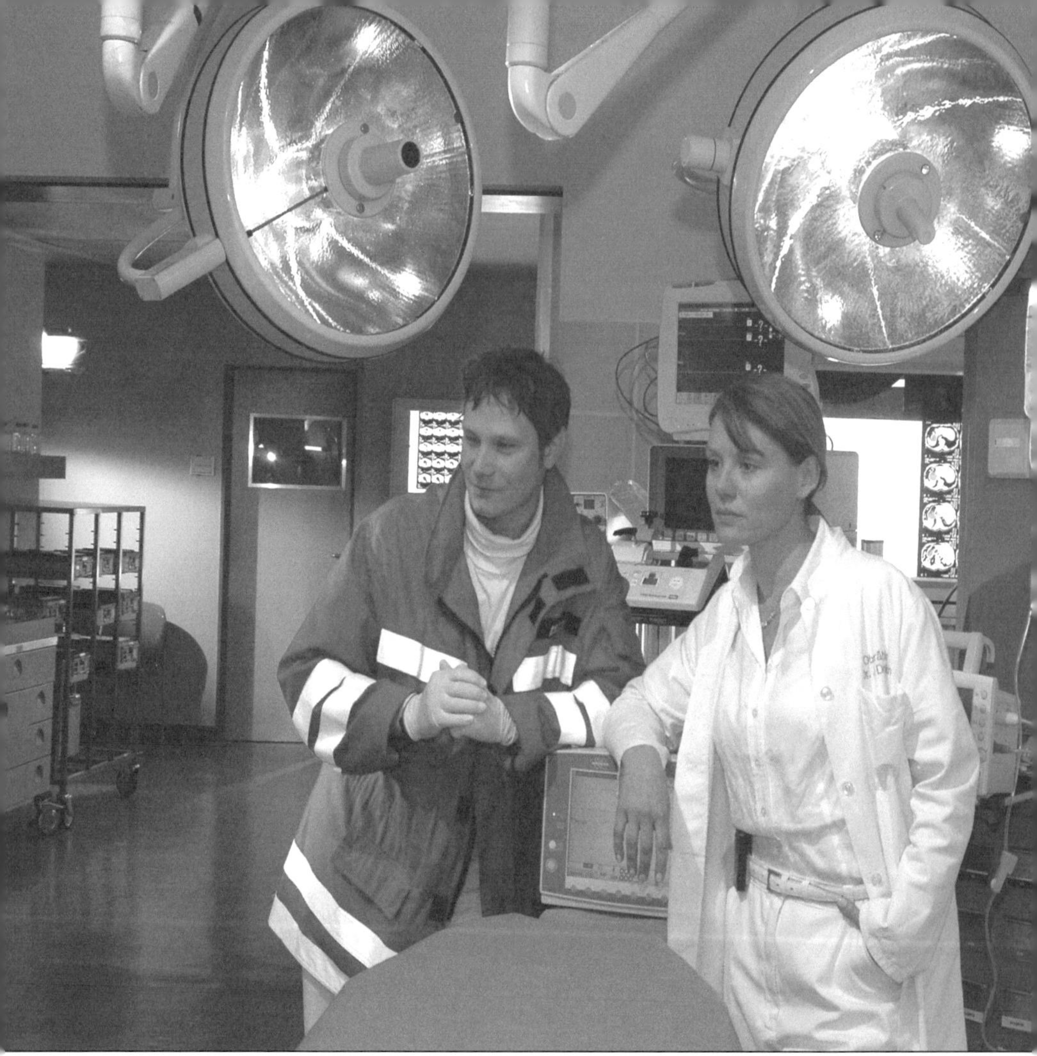

Das **Polizeikommissariat 21**, *in dem Kai Norden, Bernd „Boje"
Thomforde, Nils Meermann, Mattes Seeler, Henning Storm, Jörn „Wol-
le" Wollenberger, Martin Berger, Franziska „Franzi" Jung und Melanie
Hansen ihren Dienst schieben.*

40

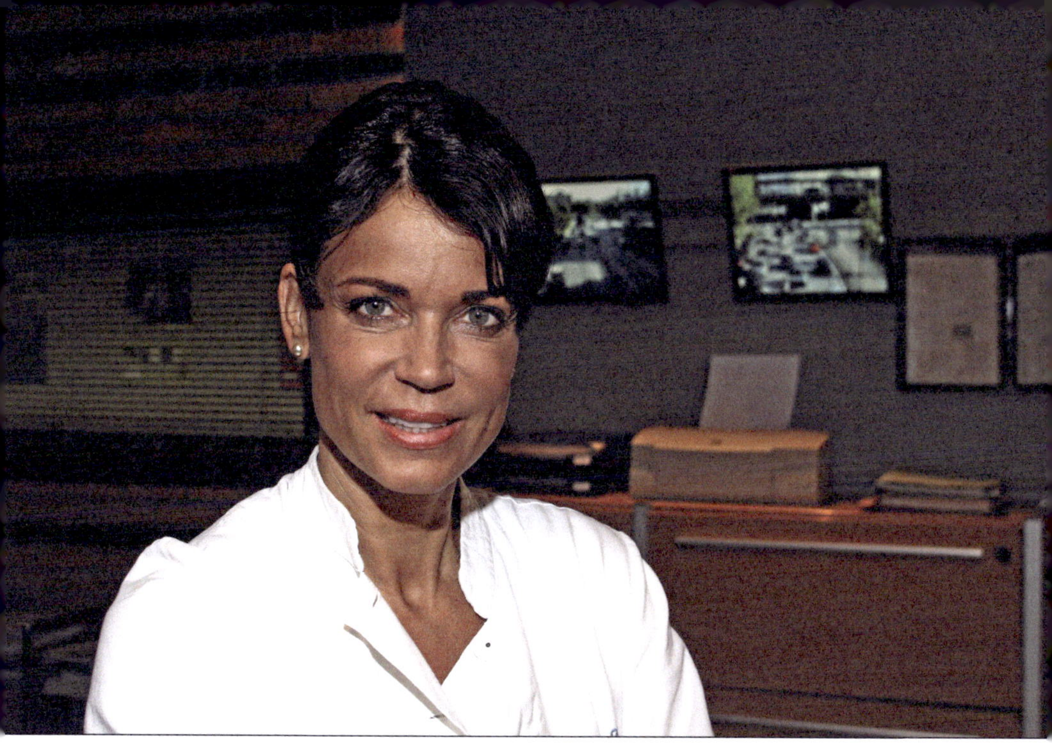

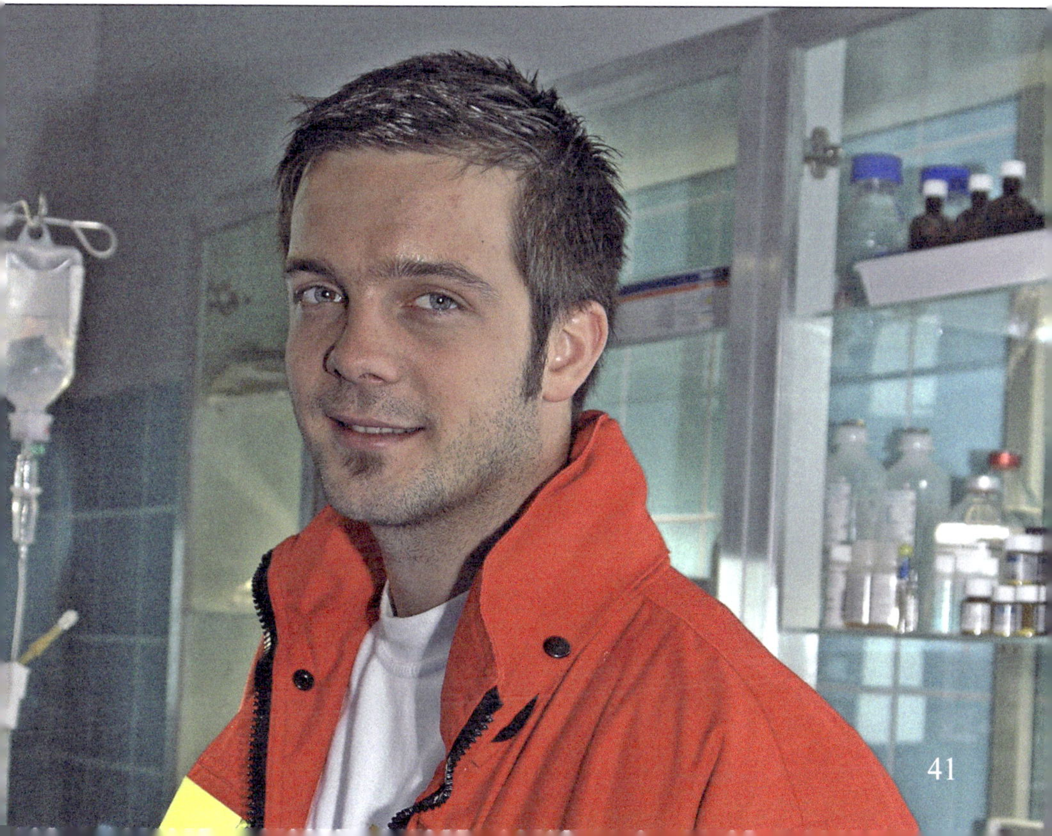

42

Mattes Seeler (Matthias Schloo) im Einsatz an den Landungsbrücken. Der junge Polizist verfolgt gerade einen Verbrecher – mit gezogener Waffe.

43

Dr. Philipp Haase *(Fabian Harloff) und Rettungsassistent* **Malte Ohlsen** *(André Willmund) im Elbkrankenhaus (EKH).*

44

Hauptkommissar Nils Meermann und Oberkommissarin Melanie Hansen.

Ein Teil der Hafenkante von Hamburg.

Hoher Besuch am Set von Notruf Hafenkante im Jahr 2009: Hamburgs **Polizeipräsident Werner Jantosch**.

45

Polizeioberkommissarin Melanie Hansen (Sanna Englund).

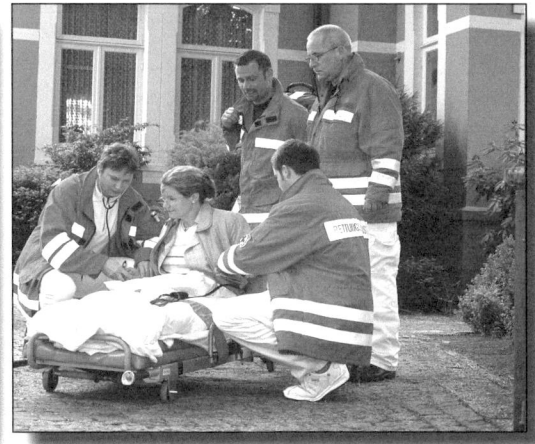

47

49

Finden Sie die 15 Lösungswörter
Das Notruf Hafenkante-Suchrätsel

```
P K 2 1 H A M B U R G S T E F N O R B E R T
F G H N I K O K R E U Z E R W A S S E R
P E E R J Ä G E R Ü W F Ä Ü G H P S C H W
R I C H V I C C I G E R I T K L I N G 5 8 S
E R F P E T E R W E L Z A Z D F N E U K I
G G R T U K B A Y E R N S W G J K I R T G C H
I G R E V I E R L E I T E R C H E F P K 2 1
S K A T Y K A R R E N B A U E R F O L G E
S O P E L J U N G S A L T N E U A L T
E L B K R A N K E N H A U S  F L N M S
U J S C H R I F T S T E L L E R K I E L K
R H H S T U D I O H A M B U R G B E R
H K A R L O R T T O P E T E R L E I T L S
K A I N O R D E N M E L A N I E 8 3 G H
L M I C H A E L S O L T A U Ä T E X T E R
R A N D F O F F 2 0 0 7 B E C H E R A K
```

1. Wie heißt in der Folge „Auf der Flucht" der 17-Jährige, der ein Bild stehlen will?
2. Wie heißt der Regisseur der Folge „Auf der Flucht"?
3. Wer spielt in der Serie den Polizisten Martin Berger?
4. Welchen Beruf übt Oren Schmuckler aus?
5. Wer spielt in der Serie Dr. Jasmin Jonas?
6. Wofür steht das Kürzel EKH?
7. Anderes Wort für Kleindarsteller, die im Hintergrund agieren.
8. Wer komponierte die Titelmelodie der Serie?
9. Welche Rolle spielt Markus Knüfken bei Notruf Hafenkante?
10. Aus welchem Bundesland kommt Polizist Peter Leitl?
11. Welche Funktion hat Polizist Martin Berger?
12. Wer produziert Notruf Hafenkante?
13. Welche Rolle spielt Christian Tramitz?
14. Prominente Gastdarstellerin mit Initialen KK?
15. Wie heißt Polizeiobermeisterin Franziska mit Nachnamen?

Kurz & Knapp

Ein Bayer im Norden

Christian Tramitz („Schuh des Manitu", „Bullyparade", „Tramitz & friends") steht für sechs Folgen für „Notruf Hafenkante" in Hamburg vor der Kamera. Christian Tramitz spielt den bayerischen Polizisten Peter Leitl. Zum Inhalt: Peter Leitl ist Hauptkommissar bei der Münchner Polizei. Er steht kurz vor dem Karrieresprung und „darf" – um seinen Horizont zu erweitern –an einem Austauschprogramm teilnehmen. Im Rahmen dieses Austauschprogramms kommt Leitl in den kühlen Norden – nach Hamburg. Peter Leitl hat dort eingeschränkte polizeiliche Hoheitsbefugnisse und wird Polizeiobermeisterin Franziska „Franzi" Jung (Rhea Harder) an die Seite gestellt. Für Franzi ist ihre „Führungsposition" gewöhnungsbedürftig, sie findet aber zusehends Gefallen daran. Dem gestandenen Mannsbild Peter Leitl fällt es allerdings nicht ganz so leicht, von einer zwar feschen, aber viel jüngeren Frau Ansagen zu bekommen. Kleinere Probleme zwischen Franzi und Peter sind vorprogrammiert.
Mit Christian Tramitz bekommt das PK 21 eine recht schlagfertige Verstärkung.

Versetzungen

Während der bisherigen Staffeln von Notruf Hafenkante kommt es in der Serie zu zahlreichen Versetzungen. Hauptkommissar Nils Meermann (Thomas Scharff) wird beispielsweise ins Rheinland versetzt. An seine Stelle tritt Oberkommissar Kai Norden (Markus Knüfken) und fährt durch Hamburg Streife.
Auch Oberkommissar Bernd „Boje" Thomforde wird in eine andere Dienststelle versetzt. Sein Nachfolger wird Ermittler Henning Storm.

Gastdarsteller

In den bisherigen Folgen treten prominente Schauspieler in Gastrollen auf. Dazu zählen Anna Fischer, Christoph Hemrich, Hubert Mulzer, Anna Thalbach, Krystian Martinek und Götz Schubert. Mehr zu dem Thema auf den Seiten 87 und 88.

Ausstrahlung

Notruf Hafenkante hat sich zu einer festen Größe am Donnerstagabend um 19.25 Uhr entwickelt.

Ein Tag als Komparse im PK 21

Es ist 8.15 Uhr. Im Lademannbogen in Hamburg-Hummelsbüttel versammeln sich acht Komparsen, vierzehn Crewmitglieder, sowie vier Darsteller. Gemütlich beginnt der verregnete Tag mit einem Becher Kaffee, der in einem Cateringwagen frisch zubereitet und ausgeschenkt wird. Lange halten wir Komparsen es nicht in der nassen Kälte aus und wir gehen in unseren Aufenthaltsraum im ersten Stockwerk. Bevor wir uns allerdings in die bequemen Ledersessel setzen können, müssen wir zum Kostüm. Dort ziehen sich einige Komparsen als Polizisten um. Ich trete heute als Besucher der Polizeistation auf. Für mich heißt es, dass meine Privatklamotten anbleiben. Die Mitarbeiterin aus dem Kostüm bittet mich nur, während des Drehs meine Herbstjacke offen zu haben, damit man meinen bunten Pullover zu sehen bekommt. Und ich soll meinen Rucksack über meine Schulter aufsetzen.

Eine weitere Komparsin tritt ebenfalls als Besucherin auf. Sie wird gebeten, ihren roten Pullover gegen einen weniger auffälligen Pulli zu tauschen. Bei Dreharbeiten sollten die Farben rot, weiß und gestreift vermieden werden. Dies hat kameratechnische Gründe. Aber kein Thema. Die Kollegin wechselt in windeseile ihren Pullover. Abnahme ist erfolgt. Die Komparsen gehen in den Aufenthaltsraum und lesen Zeitung oder unterhalten sich untereinander. Ich freue mich schon auf meinen Auftritt und bin gespannt, was ich konkret zu machen habe. Es ist 8.45 Uhr und wir werden gebeten, uns in einen anderen Aufenthaltsraum im Erdgeschoss zu begeben. Eine nette Assistentin aus dem Team führt uns herunter. Wir gehen die Treppe hinab und nun staune ich nicht schlecht: wir gehen zunächst durch das „Elbkrankenhaus". Ich bin überrascht. Ich wusste gar nicht, dass auch das Krankenhaus in dem Bürogebäude im Lademannbogen nachgebaut wurde. Wahnsinn. Ich schaue neugierig in die Räume nach links und rechts. Operationssaal, Schwesterzimmer, Besucherraum - überall stehen Krankenbetten herum. Es sieht täuschend echt aus. Der einzige Unterschied: Es riecht hier nicht wie in einem echten Krankenhaus. Zum Glück. – Auch die anderen Komparsen schauen sich die Kulissen an. Wir gehen in den Aufenthaltsraum und trinken Kaffee – die meisten zumindest. Nach zehn Minuten kommt der Regie-Assistent zu uns an den Tisch, begrüßt uns nett und freundlich und sucht sogleich fünf von uns Komparsen für das erste Bild aus. Ich gehöre zu den ersten fünf Auserwählten. Zusammen sind es drei Polizisten und zwei Besucher. Schnell noch einen Schluck des heißen Kaffees und dann gehen wir gemeinsan in den Nebenraum, der als Polizeiwache eingerichtet ist. Wow. Es sieht in der Tat täuschend echt aus: ein großer Empfangstresen, mehrere Schreibtische, eine Kommandobrücke mit fünf Monitoren, überall hängen Plakate der Hamburger Polizei. In den zahlreichen Schränken stapeln sich Aktenordner. Wie auf einer echten Polizeiwache.

Der Regie-Assistent verteilt uns. Ein Polizist setzt sich an einen Schreibtisch am Fenster und bekommt die Aufgabe zu telefonieren. Ein anderer Polizist stellt sich vor den Dienstplan und steckt dort ein paar Zettel um. Der dritte Polizist soll noch einmal zurück in den Flur und auf ein bestimmtes Kommando in die Wache hinein kommen und sich dann ebenfalls an einen Schreibtisch setzen. Wir beiden Besucher sollen uns einfach auf die Stühle setzen und dem Geschehen in der Wache folgen. Gedreht wird eine Szene, in der ein Vogel aus dem Käfig ausbricht und kreuz und quer durchs Revier fliegt. Jörn „Wolle" Wollenberger (Harald Maack) versucht den Vogel wieder einzufangen. Genau dabei sollen wir, als Besucher der Polizeiwache, das Geschehen aufmerksam verfolgen.

Noch ein paar kleine Veränderungen mit dem Licht – schließlich werden auch Komparsen ins richtige Licht gerückt – beginnt der Dreh. Kamera läuft. Ton läuft. Die Klappe fällt, die Ansage „Und bitte!" ertönt. Es geht los. Ein extra für den Dreh eingesetzter Tiertrainer lässt den Vogel fliegen und gibt dem Tier Anweisungen. Auch wenn sie nicht viel nützen... Inzwischen kommen Martin Berger, Franziska „Franzi" Jung und Mattes Seeler ins Büro und unterhalten sich über einen aktuellen Fall. Jetzt sehen sie den entflohenen Vogel und beobachten „Wolle" dabei, wie er zirkusreif den Vogel zu fangen versucht. Er klettert auf einen Schreibtisch und greift nach dem Vogel, der sich auf eine Lampe gesetzt hat.

Wir Besucher der Wache schauen uns das Geschehen mit geöffnetem Mund an und tun so, als würden wir uns unterhalten. Auch der Polizistenkomparse tut nur so, als würde er telefonieren. Es muss zwar täuschend echt aussehen, aber hören darf man nichts. Denn die hochempfindlichen Mikrofone nehmen alles mit auf.

Der Regisseur unterbricht den Dreh, weil der Vogel plötzlich in eine dunkle Ecke flüchtet. Sofort eilt der Tiertrainer zum Tier und nimmt es in seine Hand, um es wieder auf Position zu bringen. Das Team, die Darsteller, die Komparsen: alle gehen sie wieder zu ihrer Anfangsposition. Ein weiteres Mal fällt die Filmklappe. „Und bitte..!" Die gleiche Szene wird nochmal wiederholt, wieder kommen Martin Berger, Franziska „Franzi" Jung und Mattes Seeler ins Büro und unterhalten sich über einen aktuellen Fall, während sich „Wolle" um den Vogel kümmert. Diesmal scheint es alles zu klappen, wie es sich der Regisseur vorstellt. Das Team macht einen so genannten Check. Das Bildmaterial wird geprüft. Nach zwei Minuten dann der entscheidende Spruch, dass der Dreh sauber war. Nun teilt uns der Aufnahmeleiter mit, dass etwa zehn Minuten Umbaupause ist und wir das Set räumen müssen. Wir gehen wieder in unseren Aufenthaltsraum und unterhalten uns.

Mein erster Auftritt wäre geschafft. Es hat Spaß gemacht. Ich bin schon gespannt, was mich nun erwartet. Nach fünfzehn Minuten werden wir wieder in die „Wache" gerufen. Die Ansage des Regic-Assistenten: Wir sollen genau das machen, was wir auch gerade eben gemacht. Exakt das Gleiche. Ich setze mich wieder an den selben Platz wie vorhin. Nanu. Diesmal steht die Kamera aber ganz woanders. Auch die Filmcrew versammelt nun in einer anderen Ecke des Raumes. Für einen Neuling wie mich ist es ungewohnt. Aber es klärt sich schnell auf: Das Team dreht den so genannten Gegenschuss. Dieselbe Szene einfach aus einem anderen Blickwinkel. Ganz einfach. Ruhe kehrt ein, die Klappe fällt. Die Szene wird ein weiteres Mal gespielt. Wieder fliegt der Vogel kreuz und quer durch das nachgestellte Großraumbüro. Diesmal setzt er sich allerdings auf die Haarpracht einiger Teammitglieder und Komparsen. Gelächter macht sich breit. Die Szene muss unterbrochen. Da kommt dem Regisseur die Idee, dass doch auch so etwas gedreht werden könnte. Schauspieler Harald Maack bekommt die Instruktion, seine Jagd nach dem Vogel auf die aktuelle Situation anzupassen. It's live. Tiere reagieren nunmal nicht auf Anweisungen von Menschen und handeln nicht exakt nach Drehbüchern. Improvisation wird groß geschrieben an diesem Tag. Wegen eines Scheinwerfers an der Wand, auf den sich der Vogel öfter verirrt hat, muss die Sitzbank auf der wir beide platziert sind, ein paar Zentimeter verrückt werden. So sind wir zwar etwas anders im Bild, aber der Vogel kann so ausgetrickst werden. Grund: Der Scheinwerfer wird mit einem Tuch abgedeckt. Der Plan geht auf. Es wird weiter gedreht.

Auch aus dieser Perspektive filmt das Team drei Mal, bis alles im Kasten ist. Umbaupause. Diesmal in Verlängerung mit dem Mittagessen! Eine knappe dreiviertel Stunde haben wir Zeit, das Mittagessen einzunehmen. Es gibt Fisch, Salat und frische Kartoffeln. Als Nachtisch ein Joghurt. Da noch relativ viel übrig bleibt, werden wir nochmals zum Cateringwagen gebeten – wir sollen diesmal sogar noch einen Nachschlag nehmen. Dies lasse ich mir nicht zweimal sagen und ich bestelle gleich noch einen leckeren Fischteller. Aber ich muss mich zugegebenermaßen beeilen – die Aufnahmeleitung bittet darum, uns zu beeilen, weil in wenigen Minuten die ersten Proben für ein weiteres Bild erfolgen. Kein Thema. Schnell der letzte Happen genommen, geht es wieder ins PK 21. Diesmal bekomme ich den Auftrag, mit einem Polizisten (ebenfalls Komparse) aus einem Nebenraum zu kommen und so zu tun, als würde ich mich mit ihm unterhalten. Dann verabschieden wir uns. Er geht an den Schrank mit den Aktenordnern und zieht sich einen solchen heraus. Währenddessen gehe ich komplett aus dem Polizeirevier heraus. Das Hauptgeschehen ist diesmal in der Mitte des Raumes. „Franzi" und Mattes Seeler sitzen an ihren Arbeitsplätzen und führen einen Dialog. Im Hintergrund laufen wir Komparsen von der einen Ecke zur anderen oder sitzen am Sprechfunk. Apropos Sprechfunk: der Komparse, der dort vorwiegend sitzt, macht Komparserie schon seit 2006. Oftmals wird er für Notruf Hafenkante als Polizist eingesetzt, der an der Kommandobrücke arbeitet. Meist telefoniert er, deligiert die Streifenbeamten an die Einsatzorte und überblickt die Monitore. Für den Zuschauer zwar nur kurz zu sehen, aber dennoch elementar. Denn eine Serie ist dann erfolgreich, wenn sie authentisch ist. In einem „echten Revier" wird schließlich auch ständig gearbeitet. Die meisten anderen Komparsen wechseln quasi bei jeder Folge. Ganz selten, dass tatsächlich immer die gleichen Komparsen auftauchen. Es sei denn, es sind so genannte Anschlussbilder, die an mehreren Tagen gedreht werden. Dann wird auch bei Komparsen darauf geachtet, dass es dieselben sind.

Ansonsten gilt: frischer Wind mit neuen Gesichtern. Frischer Wind weht just in diesem Moment. Das dritte Bild wird geprobt. Diesmal gehe ich mit einem anderen Beamten vom Vernehmungszimmer in einen großräumigen Aufenthaltsraum der Beamten. Auf ein bestimmtes Stichwort, das Rhea Harder in ihrem Dialog gibt, flanieren wir Zwei über den Flur von einem ins andere Zimmer. Nun sehe ich von diesem Aufenthaltsraum aus weitere Räume. Echt witzig, wie viele Räume hier nachgebaut wurden. Beim genaueren Betrachten funktioniert zwar vieles nicht (Waschbecken ist ohne Wasseranschluss, Videokamera an der Decke des Vernehmungsraumes ist nur eine Attrappe, etc.), aber so was sieht der Fernsehzuschauer zum Glück nicht. Ansonsten sind die Diensträume authentisch nachgebaut und überall hängen Plakate der Hamburger Polizei. Der Vorteil: es kann Tag und Nacht nachgestellt werden. Es sind zwar in den einzelnen Büros Fenster eingebaut, aber diese gehen in Wirklichkeit nicht nach draußen, sondern führen in die große Lagerhalle, in der letztendlich alle Räume nachgebaut wurden. Mit Scheinwerfern und Bildern an einer Sperrholzwand, werden verschiedene Tageszeiten simuliert. Je nach Tageszeit erscheinen Hamburger Motive im Hellen – oder im Dunkeln. Bei gedämpftem Scheinwerferlicht kommt eine abendliche Stimmung auf, ohne dass tatsächlich auf reale Dunkelheit gewartet werden muss. Nachdem das Material erneut gecheckt wurde, versammelt sich das Team. Der Regisseur beendet den Drehtag mit einem kräftigen Dankschön! Ein interessanter Drehtag geht zuende. Eine spannende Erfahrung: ein Tag als Komparse bei Notruf Hafenkante.

Die Darsteller und ihre Rollen

Rettungsassistent Malte Olsen

Im Elbkrankenhaus arbeiten zahlreiche Sanitäter und Rettungsassistenten. Unter ihnen Malte Olsen. Der junge Mann war bereits während seines Bundeswehrdienstes in der SAN-Staffel als Sanitäter im Einsatz. Während seiner Bundeswehrzeit verzog es ihn sogar in den Kosovo, wo er Hilfe leisten konnte – denn zu helfen macht ihm wahnsinnig viel Spaß. Allerdings freiwillig; und nicht im Rahmen seiner Bundeswehrpflicht. Deshalb ist auch nach kurzer Zeit Schluss, da er sich von den Hierarchien und strengen Regeln innerhalb seiner Einheit unter Druck gesetzt fühlte. Er kommt nach Deutschland zurück und beginnt seine Arbeit im EKH. Seine alltäglichen Einsätze im Rettungstransportwagen machen ihm richtig viel Spaß. Er blüht fast auf. Während seiner Einsätze lernt er die junge Polizistin Franziska Jung kennen. Er kommt mit ihr zusammen. Als nach einiger Zeit allerdings ein weiterer Auslandseinsatz ruft, entscheidet sich Malte Olsen für Afrika und lässt Franzi in Hamburg. Mit dem Auslandseinsatz scheidet Malte Olsen aus der Serie aus. Dies ist in der Folge 28 („Grenzgänger") der Fall.

Zur Person: Gespielt wird Malte Olsen von André Willmund. Der junge Schauspieler wurde 1982 in Köln geboren. Seine Schauspielausbildung machte er in Wien. Er ist unter anderem aus Filmen und Serien wie „Mein Leben und ich", „SoKo Rhein-Main" und „Wie es bleibt" bekannt.

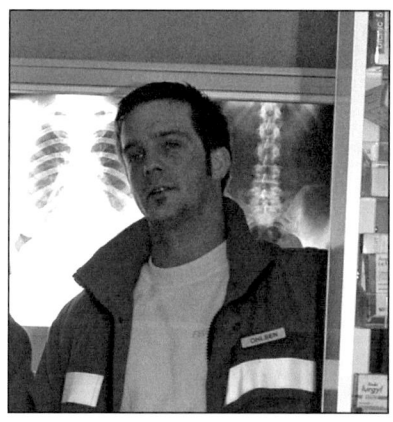 

61

Oberkommissarin Melanie Hansen

Es weht im PK 21 des Öfteren ein rauher, starker Wind. Denn Melanie Hansen setzt sich durch und weiß, was sie will – und was nicht! Melanie Hansen ist eine coole, manchmal etwas distanzierte Polizeibeamtin. Im täglichen Leben hat sie ihre Emotionen im Griff und geht auch in gefährlichen Situationen zielorientiert, rational und zupackend vor. Auf Streifenfahrten ist sie der Typ, der den Ton angibt. Privates und Persönliches gibt Melanie Hansen selten preis – sie trennt ihren Beruf von ihrem Privatleben. Deshalb hält die junge Oberkommissarin ihre Kollegen auch immer etwas auf Abstand. Anfangs fuhr Melanie Hansen mit Hauptkommissar Nils Meermann (Thomas Scherff) und Oberkommissar Kai Norden (Markus Knüfken) mit dem Streifenwagen über Hamburgs Straßen. Seit 2009 ist Mattes Seeler (Matthias Schloo) der neue Partner an ihrer Seite, der frischen Wind ins Team bringt. Er ist motiviert bis übermotiviert, was besonders Melanie herausfordert.

Das neue Dreamteam vom PK 21 ist geboren. Melanie Hansen nimmt ihn unter ihre Fittiche und hat damit alle Hände voll zu tun. Seine Unerfahrenheit führt zu unkalkulierbaren Situationen im Polizeialltag. Eine neue Herausforderung von Melanie. Sie unterschätzt ihn anfangs, wird aber peu à peu eines Besseren belehrt.

Zur Person: Sanna Englund wurde 1975 in Heidelberg geboren. Nach dem Abitur arbeitete sie im In- und Ausland als Model. In New York erhielt sie Schauspielunterricht. Zurück in Deutschland bekam Sanna Englund ihre erste Rolle im Kinofilm „Angel Express" (1999). Es folgten Auftritte in Kurzfilmen und Fernsehserien sowie in der Werbung. Aufgefallen ist sie 2001 in dem Kinokurzfilm „Ruhige Lage – nette Aussicht". Ihre Vielseitigkeit bewies sie in Fernsehspielen wie „Die Musterknaben", „Liebes Leben" oder „Zwei Herzen und zwölf Pfoten" sowie in vielen TV-Episoden oder durchgehenden Serienrollen (unter anderem „Hinter Gittern", „St. Angela").

Sanna Englund ist von der ersten Folge an in der Serie „Notruf Hafenkante" als Melanie Hansen zu sehen und gehört somit zur Stammbesetzung der erfolgreichen TV-Serie.

Oberkommissarin **Melanie Hansen** *ist eine coole, pfiffige Polizistin. Gespielt wird die Hamburger Beamtin von Sanna Englund.*

Polizeikommissaranwärter Mattes Seeler

Mattes Seeler ist mittlerweile quasi die rechte Hand von Melanie Hansen. Beide fahren in der Hansestadt Streife und ergänzen sich übergangslos.

Als Mattes Seeler als neuer Kollege im PK 21 auftaucht, absolviert er zunächst sein Praktikum für seine Ausbildung an der Polizeifachhochschule. Nach seinem Praktikum steigt er ins Team des PK 21. Mattes Seeler ist ein waschechter Hamburger Jung' – mit dazu gehörigem, typischen Hamburger Slang. Er liebt seine Stadt: Hat er fernweh, geht er an den Hafen. Will er andere Sprachen hören, geht er ins Portugiesen-Viertel. Im Sommer sitzt Mattes Seeler mit seinen Freunden am Elbstrand und hält sich in Ecken Hamburgs auf, die ein Tourist in der Regel nie zu sehen bekommt. Mit seinen 29 Jahren ist Mattes Seeler zwar nicht gerade jung für einen Berufseinsteiger – und insbesondere für den Polizeidienst – aber gerade deswegen hat er keine Zeit mehr zu verlieren.

Seine anfänglichen Missgeschicke führen dazu, dass ihn die Kollegen vom Kommissariat 21 schlicht und einfach unterschätzen. Das ist jedoch ein großer Fehler. Denn Mattes Seeler handelt schnell mit dem Kopf, denkt vorausschauend und ist sehr eloquent. Sein kreatives „um die Ecke denken" verschafft ihm bald den Respekt seiner Kollegen. Er setzt alles daran, seine Fehler wiedergutzumachen.

Zur Person: Matthias Schloo wurde 1977 geboren. Bereits in der Schule stand er auf der Bühne und sammelte erste Schauspielerfahrungen. Nach Unterricht in der Schauspielschule des Bremer Ernst Walldau Theaters erhielt er nach kurzer Zeit eine Rolle in der ZDF-Serie „Jede Menge Leben". Es folgten weitere Rollen in Serien und Filmen wie beispielsweise „SoKo Leipzig", „Berlin, Berlin", „Der Dicke", „Das Traumschiff", „SoKo Wismar", „Im Tal der wilden Rose", „Vier Meerjungfrauen", „Ein Herz aus Schokolade" und „Bronski & Bernstein". Außerdem spielte er in verschiedenen Rosamunde Pilcher-Verfilmungen mit. Seit 2009 ist er bei „Notruf Hafenkante" in einer durchgehenden Hauptrolle als Polizist Mattes Seeler zu sehen.

Dr. Jasmin Jonas

Wenn es um Leben und Tod geht, ist sie in der Notaufnahme stets an Ort und Stelle: Jasmin Jonas. Die junge Frau ist Ärztin der Notaufnahme im Elbkrankenhaus und kümmert sich dort mit vollem Einsatz um ihre Patienten, die teils mit schwersten Verletzungen eingeliefert werden. Als Nichte von Revierleiter Martin Berger nutzt sie gerne mal den kleinen Dienstweg in das angrenzende Kommissariat 21, um die Hilfe der Polizei in Anspruch zu nehmen. Doch auch umgekehrt hilft sie mit ihrer scharfsinnigen Beobachtungsgabe immer wieder bei Polizeifällen und verhilft ab und an, einen Verbrecher dingfest zu machen.

Jasmin Jonas wird auch von den Kollegen des Polizeikommissariats 21 als eine Frau geschätzt, die ihr Terrain im Elbkrankenhaus verteidigt und sich von niemandem hereinreden lässt. Selbst dann nicht, wenn es sich bei den Patienten um Gauner und Verbrecher handelt. Sie hat ihre Grundsätze – und das ist auch gut so! Auch in privaten Dingen wenden sich ihre Kolleginnen und Kollegen gerne mal an sie. Dr. Jasmin Jonas hat immer ein offenes Ohr und fast immer ein paar Ratschläge parat.

Zur Person: Verkörpert wird Dr. Jasmin Jonas von Gerit Kling. Sie wurde am 21. April 1965 im thüringischen Altenburg geboren. Gerit Kling wuchs gemeinsam mit ihrer Schwester Anja in Brandenburg auf. Im Alter von fünf Jahren stand sie das erste Mal in Konrad Wolfs DEFA-Film „Goya" als jüngste Tochter Elenita vor der Kamera, wenig später in dem DEFA-Film „Hund über Bord".

Sie absolvierte ihre Schauspielausbildung an der Hochschule für Schauspielkunst Ernst Busch in Berlin und spielte danach am Deutschen Theater Berlin, am Theater in Brandenburg, am Staatstheater Schwerin, am Schauspielhaus Nürnberg und am Theater am Kurfürstendamm Berlin.

Oberkommissar Kai Norden

Kai Norden nimmt das Leben von der leichten Seite, bleibt dabei aber immer Realist. Mit seiner freundlichen und offenen Art geht er direkt und ohne Hemmungen auf Menschen zu, was für seine Arbeit ein enormer Vorteil ist. Er hat vor nichts und niemandem Angst und versucht auch in prekären Situationen stets locker und humorvoll zu bleiben. Der Oberkommissar kann blitzschnell kombinieren und handelt ebenso schnell – wenn nötig – auch allein. Kai Norden ist ein Typ, der schwer einzuordnen ist und gar nicht daran denkt, sich anzupassen. Das kriegt auch das neue Team und insbesondere Melanie Hansen zu spüren. Diese verzweifelt an der offenen, etwas chaotischen und impulsiven Art ihres Partners. Doch obwohl Kai Norden in seinen Ermittlungsmethoden oft unstrukturiert und chaotisch wirkt, sprechen seine Erfolge für sich. Auf seine Erfahrung und seine Intuition kann er sich verlassen. Sein Einstieg in das Team vom PK 21 ist ganz nach seinem Geschmack: Ein Bankräuber direkt vor seiner Nase, ein Team, was gleich mitzieht und am Ende kann er durch seinen mutigen Einsatz ein Unglück verhindern. Komisch, dass seine neuen Kollegen, besonders Melanie Hansen, nicht so begeistert sind wie er. Er kann es überhaupt nicht verstehen, warum seine Partnerin ständig genervt von ihm ist und so unterkühlt mit ihm umgeht. Als sie ihm dann auch noch unterstellt, er würde um Geld wetten, platzt ihm der Kragen. Die wahren Gründe seiner permanenten Geldnot behält er jedoch für sich – noch.

Er ist ein disziplinierter und ehrgeiziger Polizist, der seinen Beruf liebt. Er kommt mit seinen Kollegen auf dem PK 21 nach anfänglichen Problemen immer besser zurecht.

Zur Person: Gespielt wird die Figur des Kai Norden von Markus Knüfken. Geboren wurde er 1965 in Essen. Seine Ausbildung absolvierte er in jungen Jahren in München. Es folgten Hauptrollen in verschiedenen Krimi-Reihen wie „Tatort" und „Polizeiruf 110", sowie in Serien wie „Auf Achse", „Pfarrer Braun" und „Da kommt Kalle". Auch in Filmen wie „Männer lügen nicht" oder „Stürme in Afrika" spielte Markus Knüfken mit. Er lebt in Hamburg.

Markus Knüfken spielt in den Folgen 48 bis 78 den Oberkommissar Kai Norden.

Polizeiobermeisterin Franziska Jung

Jung, sympathisch, hilfsbereit: das ist Franziska Jung. „Franzi", wie sie liebevoll von ihren Kollegen genannt wird, hat in ihren ersten Dienstjahren als Partnerin von Boje viele Erfahrungen gesammelt. Obwohl sie von den Kollegen und besonders von Boje als begabte Polizistin respektiert wird, muss sie sich den Respekt nach außen immer wieder erkämpfen. Einige „Kunden" nehmen sie gerade wegen ihrer Jugend und ihrer zarten Erscheinung nicht für voll. Doch das spornt Franziskas Ehrgeiz eher an. Sie ist den Menschen sehr zugewandt, verliert dabei aber nie ihren realistischen Blick auf die Fälle. Franzi hat ihren eigenen Kopf und setzt ihn auch immer wieder durch. Das bekommt gerade Boje des Öfteren zu spüren, dem sie nicht nur in beruflichen, sondern auch privaten Dingen gerne mal die Meinung sagt. Der harte Alltag ihres Berufs setzt ihr manchmal zu. So sehr manches Mal, dass sie dann ihre Kollegen braucht, die sie wieder aufbauen. Seit einiger Zeit ist Franzi frisch verliebt in den Polizeipsychologen Philipp Rost. Doch dieser ist ihr manchmal ein wenig zu schnell, wenn er sie mit spontanen Ideen überrascht oder ihr ohne Warnung auf einmal seine Eltern vorstellen will. Franzi ist sich unsicher, ob sie wirklich bereit ist für eine solch enge Bindung und muss sich entscheiden. Nach der Versetzung von Boje kommt ein neuer Kollege ins PK 21. Zu dem neuen Kollegen Mattes Seeler hat sie einen guten Draht. Sie kann sich am ehesten auf seine Denkweise einlassen, weil sie selbst noch diese Portion Idealismus und Unvoreingenommenheit in sich trägt.

Seit Kurzem ist Franzi Mutter der kleinen Emma. Zusammen mit dem Polizeipsychologen Philipp Rost versucht sie, den Alltag ihrer jungen Familie zu meistern, was nicht immer ganz klappt. Denn so einfach lässt sich Berufliches und Privates nicht trennen.

Zur Person: Gespielt wird Polizeiobermeisterin Franzi von Rhea Harder, die seit der ersten Folge bei Notruf Hafenkante dabei ist. Rhea Harder wurde 1976 in Berlin geboren. Sie absolvierte eine Schauspielausbildung und erlernte verschiedene Sprechtechniken. Sechs Jahre lang spielte sie in der Serie „Gute Zeiten - Schlechte Zeiten" die Rolle der Flo. Rhea Harder war zudem als Sarah in der Serie „Berlin, Berlin" zu sehen.

Oberkommissar Bernd „Boje" Thomforde

Bernd Thomforde – oder kurzum „Boje" – ist ein kerniger Haudegen, eben ein echter kampferprobter Mann, der routinemäßig Grenzen überschreitet und an verschiedenen Stellen aneckt. Deshalb hat er es beförderungstechnisch nicht weit gebracht und ist „nur" Polizeioberkommissar. Boje kennt den Kiez wie seine Westentasche – er kennt seine Pappenheimer, die Prostituierten, die Zuhälter, die Punks, die sozial Schwachen, die sich abseits der glitzernden Touristenmeile Reeperbahn oft im wahrsten Sinne des Wortes durchs Leben schlagen. Boje handelt aus Instinkt und dem Wissen, dass Gesetze und Regeln im wahren Leben manchmal nichts ausrichten können. Er weiß, wie er wen anpacken muss, um voranzukommen – und das ist nicht immer die Schmusetour. Das sieht Revierleiter Martin Berger gar nicht gern. Immer wieder kommt es deswegen zu Konflikten. Boje ist ein hervorragender Polizist, aber auch ein Mensch am Abgrund. Über Gefühle spricht er nicht gerne. Zu seinem Vater hat Boje kein gutes Verhältnis: dessen Alkoholabhängigkeit hat Bojes Mutter dazu gebracht, die Familie zu verlassen. Das hat Boje nachhaltig geprägt. Doch seitdem Elke, ehemalige Prostituierte und nun Bistrobesitzerin, in sein Leben getreten ist, gibt es eine neue Wende in seinem Leben. Mit Elke kann er sich sogar vorstellen, zusammen zu ziehen. Das ist ein großer Schritt für Boje. Dass Elke jedoch auch noch weitere Schritte im Sinn hat, damit hat Boje nun so gar nicht gerechnet. Boje macht seinen Dienst in den Folgen 1 bis 59, dann scheidet er aus.

Zur Person: Frank Vockroth wurde 1962 in Hildesheim geboren. Seine Schauspielausbildung absolvierte er in Hamburg und Los Angeles. Große Bekanntheit erlange er durch seine Rolle Horst Kruse in der RTL-Produktion „Ritas Welt" mit Gaby Köster in der Hauptrolle. Die Serie wurde im Jahr 2000 mit dem Deutschen Fernsehpreis, sowie in den Jahren 2000 und 2001 mit dem Deutscher Comedypreis ausgezeichnet. Frank Vockroth machte in Serien wie „Unser Charly", „Rettungsflieger", „Küstenwache" und „SK Babies" mit. Auch der Reihe „Tatort" wirkte er mit.

Dr. Philipp Haase

Ursprünglich hat Philipp Haase Medizin studiert, um sich als selbstständiger Arzt niederzulassen und dann mit seiner Arbeit viel Geld zu verdienen. Das war sein größter Wunsch. Irgendwie ist er dabei als Notarzt auf dem Rettungswagen hängen geblieben. Immer wieder behauptet er, dass das Ganze nur eine Zwischenstation sei, aber ihm ist anzumerken, dass er Notarzt mit Leib und Seele geworden ist: Der Adrenalinkick, die Extremsituationen, die Abwechslung machen ihn mehr an, als er offen zugibt. Er liebt die Fahrten auf dem Rettungstransportwagen und stellt sich liebevoll und rasch auf den jeweiligen Patienten und das Krankheitsbild ein. Oftmals mit sarkastischem, aber immer nett gemeintem Humor unterhält er das EKH, aber im Grunde genommen hat er ein großes Herz.
Zur Person: Der in Hamburg lebende Fabian Harloff wurde 1970 in der Hansestadt Hamburg geboren. Seine Ausbildung absolvierte er von 1991 bis 1993 an der Hamburger Stage School of Dance and Drama. Dort erlernte er Schauspiel, Tanz und Gesang. Erste Fernsehauftritte hatte er bereits als Kind. So trat er beispielsweise in der „Sesamstraße" (1973) und in der Kinder-Krimiserie „Ein Fall für TKKG" als Tarzan auf. Seit Anfang der 1990er Jahre spielt Fabian Harloff Theater („Buddy - Das Musical") und ist als Musiker aktiv. Er spielt Klavier, Gitarre und Schlagzeug und hat mit seiner Band bereits mehrere Singles aufgenommen.

Wachhabender Jörn „Wolle" Wollenberger

Wenn es auch einmal etwas chaotisch im PK 21 zugeht: ein Beamter behält immer einen kühlen Kopf: „Wolle". Jörn Wollenberger, Wachhabender im PK 21, ist ein gemütlicher Mensch. Er ist stets guter Laune und ist einfach eine Frohnatur. Er hat mehrere Jahre Polizeidienst auf dem Buckel - davon 25 Jahre auf Streife. Nun ist er im Innendienst tätig – und hat dennoch alle Hände voll zu tun.

Er hat in seiner langjährigen Laufbahn schon alles gesehen und erlebt, was einem als Polizist im Streifendienst vorkommen kann. Wenn es ernst wird, kann ein jeder auf Wolle zählen. Jörn Wollenberger kennt alle Polizisten sehr gut und weiß zumeist auch etwas über ihr Privatleben. Er ist so etwas wie die gute Seele des Reviers. Als neugieriger Typ sorgt Wolle für so manche komödiantische und witzige Einlage.

Zur Person: Jörn Wollenbeger wird von Harald Maack gespielt. Er wurde 1955 in Stelle (Niedersachsen) geboren. Aufgewachsen ist er südlich von Hamburg im Landkreis Harburg. Nach seinem Abitur absolvierte Harald Maack zunächst eine Lehre zum Speditionskaufmann. Gegen den Willen seiner Eltern nahm er 1978 ein Angebot des Ohnsorg-Theaters an. Ein Jahr später kam die Ausbildung bei Hildburg Frese am Hamburgischen Schauspielstudio. Schnell erhielt er ein Anfängerengagement in Ingolstadt. Es folgten Gastverträge an verschiedenen Theatern. Dem Fernsehpublikum wurde Harald Maack aus der Serie „Girl Friends" bekannt. Seit 2007 ist Harald Maack bei „Notruf Hafenkante" zu sehen.

Revierleiter Martin Berger

Er ist das Alphatier unter den Beamten des PK 21: Martin Berger. Seines Zeichens Revierleiter. Martin Berger ist der souveräne und unumstrittene Chef im PK 21. Er handelt oft konservativ und gilt als streng. So ist es auch kein Wunder, dass gegenüber seinen Kollegen schon mal harte, aber ehrliche Worte fallen. Er explodiert auch gelegentlich, aber nach Außen steht er wie ein Bollwerk vor seinem Team. Martin Berger ist ein routinierter Revierleiter, der viel Wert auf korrektes Verhalten und die Einhaltung von Dienstvorschriften legt. Er ist zwar hart, aber er hat auch überraschend nette Seiten. Zum Beispiel dann, wenn es darum geht, einem Kollegen Zuspruch zu geben. Durch seine Rolle als Revierleiter hat Martin Berger ziemlich viele Verwaltungsaufgaben zu bewältigen. Er ist im Gegensatz zu den Kollegen nicht draußen auf der Straße unterwegs. Aber er weiß, wie es dort zugeht – denn früher war er selbst ein Schutzpolizist. Dass seine Nichte Jasmin seit einiger Zeit im Elbkrankenhaus als Ärztin arbeitet, erfüllt ihn mit Stolz. Wenn sie den kurzen Dienstweg wählt und Kollegen vom nahegelegenen Revier anfordert, kann Berger schlecht nein sagen. Er ist halt ein „Familienmensch". Sein Kindheitstraum war früher mit Schiffen zu arbeiten – so kam er zur Hafenpolizei und schließlich zum PK 21.

Zur Person: Peer Jäger absolvierte die staatliche Schauspielschule Berlin und war jahrelang festes Ensemblemitglied an verschiedenen hochklassigen Häusern der ehemaligen DDR. Dem Theater ist er auch heute noch treu. Er ist – immer wenn es seine Zeit erlaubt – unter anderem in Berlin am Theater zu sehen. Seine Stimme leiht der Schauspieler Lesungen, Hörbüchern und Hörspielproduktionen. Er wirkte in Fernsehproduktionen wie „SoKo Wismar", „SoKo Leipzig", „Schlafende Hunde", „Der rote Schakal", „Späte Rache" und Kinofilmen wie „Marlene", „Aimee und Jaguar", „Das Wunder von Bern" und „Free Rainer" mit.

Er hatte zudem Auftritte in den Reihen „Tatort" und „Polizeiruf 110", sowie zahlreiche weitere Rollen („Bella Block", „Freundschaft mit Herz", „Hilfe, ich bin Millionär").

Polizeihauptkommissar Nils Meermann

Auch er sorgt in Hamburg für Recht und Ordnung und schiebt seinen Dienst im PK 21: Hauptkommissar Nils Meermann. Der junge Beamte trägt als Dienstgruppenleiter während seiner Schicht die Verantwortung für die Truppe. Mit seiner netten und charmanten Art punktet er bei seinen Kolleginnen und Kollegen. Er ist verantwortungsbewusst und engagiert, besitzt langjährige Berufserfahrung und einen gesunden Menschenverstand. Nils Meermann handelt bei seinen Einsätzen stets strukturiert und professionell.

Auch sein Vater war bei der Polizei, ansonsten kommt er eher aus einfachen Verhältnissen. Nils Meermann ist mit Assistenzärztin Dr. Anna Jacobi liiert. Obwohl er Anna Jacobi sehr liebt, kommen ihm manchmal Zweifel, warum sich eine so hübsche, tolle Frau für ihn entschieden hat. Nils Meermann hat Ole, Annas Sohn, ins Herz geschlossen. Sehr gerne hätte er einen eigenen Sohn, dies lässt er in einigen Folgen immer wieder anmerken. Mit dem Tod von Anna (siehe Seite 84), der eine riesige Lücke in sein Leben gerissen hat, kommt Nils nicht zurecht. Letztendlich wird ihm alles zu viel: der Tod von Anna, der Stress, Probleme. Er entscheidet sich, Hamburg zu verlassen. In Folge 47 („Wo ist Luisa?") scheidet Nils Meermann aus dem PK 21.

Zur Person: Thomas Scharff wurde 1970 in Berlin geboren. Er studierte zunächst Germanistik, Publizistik und Theaterwissenschaften. Er machte eine Schauspielausbildung. 1998 gab er sein Fernsehdebüt in der Rolle des Jan Göllner in der Serie „Ein starkes Team". Weitere Fernsehauftritte: „Die Kommissarin", „Ein Fall für Zwei", „Küstenwache", „Die Sitte", SoKo 5113", „Alarm für Cobra 11 – Die Autobahnpolizei".

Hauptkommissar Peter Leitl

Peter Leitl ist Hauptkommissar bei der Münchner Polizei. Er steht kurz vor dem Karrieresprung und „darf" – um seinen Horizont zu erweitern – an einem bajuwarisch-hanseatischen Austauschprogramm teilnehmen. Im Rahmen dieses Austauschprogramms kommt der Bayer für einige Zeit in die Hansestadt Hamburg und darf den Beamten tatkräftige Unterstützung leisten. Peter Leitl hat allerdings – zu seinem Bedauern – in Hamburg nur eingeschränkte polizeiliche Hoheitsbefugnisse und wird Polizeiobermeisterin Franzi Jung an die Seite gestellt. Für Franzi ist ihre neue Führungsposition sehr gewöhnungsbedürftig. Sie findet aber zusehends Gefallen daran, „die Hose anzuhaben" und zu sagen, wie der Hase läuft. Dem gestandenen Mannsbild Leitl fällt es allerdings nicht ganz so leicht, von einer zwar feschen, aber viel jüngeren Frau Ansagen zu bekommen.

Zur Person: Christian Tramitz wurde 1955 in München geboren. Er ist Schauspieler, Komiker, Synchronsprecher und Autor. Erste Medienerfahrung sammelte Christian Tramitz beim Münchener Lokalsender Radio Energy. Erste Fernseherfahrung sammelte er im Jahr 1996 („Die Bayern-Cops") und ein Jahr später mit der „Bullyparade".

Er wirkte unter anderem in Filmen wie „7 Zwerge – Der Wald ist nicht genug", „Neues vom Wixxer", „Keinohrhasen" oder beispielsweise „Der Schuh des Manitu" und vielen Fernsehrollen mit.

Dr. Philipp Rost

Dr. Philipp Rost ist seit einigen Jahren als Psychologe bei der Hamburger Polizei tätig. Eines Tages muss Franziska Jung von ihrer Schusswaffe Gebrauch machen und leidet seitdem extrem. Philipp Rost betreut sie psychologisch und stößt somit ins Polizeikommissariat 21, in dem er öfter seinen Dienst schiebt. Aus einer beruflichen Beziehung zwischen Franzi und Philipp entwickelt sich peu á peu eine private Beziehung, die durch Franzis Schwangerschaft zum Hochpunkt ihrer Beziehung wird. Für Philipp ist es manchmal nicht leicht die berufliche und private Situation zu trennen.

Zur Person: Simon Böer wurde 1974 in Bonn geboren. Nach seinem Abitur und anschließenden Zivildienst studierte er Schauspiel. Während seines Studiums startete er seine Schauspielkarriere am Theater und arbeitete nach Abschluss des Studiums an verschiedenen Bühnen. Er wirkte im Fernsehen in Serien wie „Nikola", „Wolffs Revier", „Balko", „Dr. Sommerfeld – Neues vom Bülowbogen", „Alles außer Sex", „SoKo Wismar" und „Polizeiruf 110" mit.

Hauptkommissar Henning Storm

Den Kiez kennt Henning Storm wie seine Westentasche: in- und auswendig. Hier ist er aufgewachsen und weiß, wie die Leute ticken. Dabei hat er ein untrügliches Gespür für Leute, die Dreck am Stecken haben. Dann greift er zu und bleibt so lange hartnäckig dran, bis die Sachlage geklärt ist. Im Eifer des Gefechts tritt er schon mal eine Tür ein, oder geht jemandem an den Kragen. Übertriebenes Verständnis für alles und jeden ist seiner Meinung nach kein guter Lehrmeister. „Wer Fehler macht, muss auch die Konsequenzen tragen - und zwar ohne wenn und aber". Henning Storm lebt sich schnell ein in seinem neuen Team. Franzi muss Henning anfangs noch beweisen, dass sie in jeder Hinsicht mithalten kann. An Henning Storm kann sie sich reiben und wächst über sich hinaus. Das imponiert ihm und stärkt sein Vertrauen. Nur sein übertriebener Beschützerinstinkt geht Franzi immer wieder auf die Nerven.

Zur Person: Uwe Fellensiek wurde 1955 geboren und lebt derzeit in Belgien. Bekannt ist er aus „Ein Fall für Zwei", „Der Dicke" und weiteren.

Notärztin Dr. Anna Jacobi

Zum festen Stamm an Mitarbeitern des Elbkrankenhauses gehört Dr. Anna Jacobi. Anna Jacobi arbeitet in der Notaufnahme des Elbkrankenhauses und bekommt somit auch die schwersten Fälle auf den OP-Tisch. Sie ist mit Leib und Seele Ärztin und stets um das Wohl ihrer Patienten bemüht. Trotzdem gerät die nette Hanseatin immer mal wieder aus der Fassung. Ihr Privatleben und der harte Beruf machen ihr ziemlich häufig zu schaffen. Anna Jacobi ist von ihrem Ex-Mann geschieden und lebt seit der Scheidung mit ihrem Sohn Ole und seit einiger Zeit mit ihrem Verlobten, dem Polizisten Nils Meermann, zusammen. Anna Jacobi stammt aus einer relativ reichen hanseatischen Familie. Sie hat ein ziemlich schwieriges Verhältnis zu ihren Eltern, die nicht viel Verständnis für ihre Lebensumstände zeigen. Sei es der stressige Job, der Ärger mit einigen schwierigen Patienten und die Probleme mit ihrem Ex-Mann. In der Folge 32 mit dem Titel „Auf Leben und Tod" kommt Anna Jacobi einem kranken Jungen zur Hilfe. Sie eilt zur Unfallstelle und wird auf dem Weg von einem Auto angefahren und tödlich erfasst. Es ist genau einen Tag vor ihrer geplanten Hochzeit mit Nils.

Zur Person: Gespielt wird Dr. Anna Jacobi von Marie-Lou Sellem. Sie wurde 1966 im niedersächsischen Göttingen geboren. Das Schauspiel erlernte sie nach dem Abitur an der Folkwang Hochschule in Essen. Ebenfalls in Essen hatte sie auch ihr erstes Theaterengagement an der örtlichen Philharmonie. 1997 kam ihr großer Durchbruch mit der Tom Tykwer Produktion „Winterschläfer". Es folgten verschiedene Rollen im Fernsehen. So spielte Marie-Lou Sellem beispielsweise in mehreren Folgen der ARD-Reihe „Tatort" mit. Auch in Filmen wie „Nur für eine Nacht", „Mein Bruder, der Vampir", „Sommernachtstod", „Wolfsfährte" oder „Die Liebe der Kinder". Auch in der ZDF-Serie „Bella Block" mit Hannelore Hoger in der Hauptrolle machte sie mit. 2002 wurde sie in der Kategorie „Beste weibliche Nebenrolle" für den Deutschen Filmpreis nominiert. Zu ihren besten Leistungen zählt bis heute die Darstellung der Mörderin Inga Müller in „Dornröschen erwacht".

Marie-Lou Sellem spielt von der ersten Folge an bis Folge 32 Notärztin Dr. Anna Jacobi.

Marie-Lou Sellem spielt in der Serie die Notärztin Dr. Anna Jacobi.

Rettungsassistent Arne Lübbe

Arne Lübbe ist Rettungsassistent im Elbkrankenhaus und hat noch keine langjährigen Berufserfahrungen. Als Frischling hat es der junge Mann nicht leicht, die nötige Distanz zu seinen Patienten zu halten. Zu seinen Aufgaben gehört es zwar, die Patienten – und insbesondere Patientinnen auf zu muntern. Aber manches Mal übertreibt es Arne Lübbe. Mit seiner charmanten Art punktet er aber nicht nur bei den Patientinnen, sondern auch bei seinen Vorgesetzten und Kollegen. Arne Lübbe erfasst verschiedene Situationen hervorragend und reagiert stets kompetent. Dabei ist er immer freundlich, ruhig und zuversichtlich.

Gespielt wird Arne Lübbe von **Balder Beyer**. Er wurde 1983 in Starnberg geboren und lebt heute in Hamburg. Er ist Sohn einer Schauspielfamilie und selbst junger Vater. Neben zahlreichen Theaterengagements war er bereits in Episodenrollen im Fernsehen zu sehen. Unter anderem in „Hallo Robbie", „Zur Sache Lena" oder beispielsweise „Mein Leben und ich".

Oberärztin Dr. Juliane Dietrich

Juliane Dietrich ist eine ehrgeizige Ärztin und wirkt gegenüber ihren Kollegen eher kaltherzig. Trotzdem – oder gerade deshalb ist sie eine herausragende Medizinerin. Sie hat sich ihren Erfolg hart erkämpft. Das Verhältnis zu ihren Kollegen ist nicht immer das Beste – vor allen Dingen mit Dr. Anna Jacobi kommt es immer wieder zu Konflikten und Zickereien.

Verkörpert wird Dr. Juliane Dietrich von Schauspielerin **Maike Bollow**. Sie wurde 1963 in der Bundeshauptstadt Berlin geboren. Nach ihrem Abitur studierte sie an der Hochschule für Musik und Theater in Hannover Schauspiel. Ihr Fernsehdebüt gab sie in der ZDF-Serie „Freunde fürs Leben". Zudem wirkte sie unter anderem in „Herschlag – Das Ärzteteam Nord" (ebenfalls ZDF) mit.

86

Prominente Gastdarsteller

Sebastian Rudolph
Peter Cieslinski
Brigitte Böttrich
Gertie Honeck
Sven Fricke
Anja Boche
Heinz W. Krückeberg
Michael Lott
Georg Blumreiter
Holger Daemgen
Susanne Hoss
Astrid Kohrs
Marion Breckwoldt
Bernd Tauber
Nils Schneider
Tamara Simuovic
Eva Zlonitzky
Dorothea Anna Hagena
Dagmar Sachse
Marleen Lohse
Katja Studt
Andreas Tobias
Jannik Paeth
Sigrid Burgholder
Christoph Maaß
Ludwig Blochberger
Anja Knauer
Kai Ivo Baulitz
Mariella Ahrens
Heio von Stetten
Rolf Becker
Margret Homeyer
Christian Näthe
Floriane Daniel
Nina Hoger

Peter Jordan spielte in der Folge „Herbststurm" den Nachbarn Fred Meinhard. Zum Inhalt: Renate Kruse (Dagmar Sachse) wurde von ihrem Nachbarn Fred Mcinard mit einem Besenstiel attackiert und erheblich verletzt, nachdem sie ihm zum Geburtstag eine Torte schenken wollte. Meinard benimmt sich äußerst merkwürdig und verweigert vehement die Aussage. Boje und Franzi nehmen ihn mit aufs Revier. Die Probleme fangen an: Meinhard leidet an einem krankhaften Sauberkeitszwang und hat panische Angst vor Schmutz und Bakterien.

Schauspielerin **Lisa Fitz** (Foto links) spielte in der Folge „Spiel des Lebens" Veronika Waldmeyer. Zum Inhalt: Boje und Franzi schlagen sich mit einem absurden Nachbarschaftsstreit herum: Veronika Waldmeyer beschuldigt ihre Nachbarin Elke Schmitt, ihre geliebte Katze Charlie absichtlich überfahren zu haben. Boje und Franzi können zunächst schlichten, werden dann aber kurz darauf erneut zum Ort des Geschehens gerufen: Frau Waldmeyer hat Frau Schmitt mit einer Gartenharke attackiert und sie verletzt.

Petra Kleinert
Krystian Martinek
Jan-Gregor Kremp
Birge Schade
Hendrik Duryn
Anke Sevenich
Hennig Peker
Dieter Montag
Jule Ronstedt
Fabian Meier
Katrin Pollitt
Sylvia Leifert
Arnd Klawitter
Lisa Marie Potthoff
Stephanie Carlotta Koetz
Heinz Lieven
Khaled Hamid
Svenja Wasser
Josef Heynert
Antje Westermann
Oliver Bäßler

Katy Karrenbauer *trat in der Folge „Spiel des Lebens" als Frau Susanne Hagen auf.*

Die einzelnen Folgen

75. Die große Versuchung
76. Pleitegeier
77. Seeheld in Seenot
78. Kais Entscheidung
79. Das Greenhorn
80. Doppelleben
81. Matjeskrieg
82. Vermisstes Glück
83. Gefährliche Fotos
84. Harte Jungs
85. Melanies Alptraum
86. Ein guter Plan
87. Wunderkind
88. Bärendienst
89. Schlaf, Kindchen, schlaf
99. Angst um Emma
(Stand: Dezember 2009)

Die Regisseure

Bernhard Stephan
Gero Weinreuter
Jörg Schneider
Erwin Keusch
Bodo Schwarz
Stephan Meyer
Udo Witte
Oliver Sander
Oren Schmuckler
Nicolai Rohde
Rolf Wellingerhof
Donald Kraemer
Thomas Durchschlag

Die Buchautoren

Astrid Ströher
 Marc Blöbaum,
Alexander M. Rümelin
Axel Hildebrand
Luci van Org

Michael Illner
Scarlett Kleint
Klaus Arriens
Thomas WilkeThomas Stiller
Bele Nord
Jochim Scherf
Nina Bohlmann
Nina Weger
Gabriele Herzog,
Frank Posiadly

Die Komparsen

Die Studio Hamburg Produktion GmbH sucht immer wieder
Statisten und Komparsen. Personen unterschiedlichen Alters
(möglichst aus Hamburg oder
Umgebung) können sich gerne
per E-Mail bewerben:
casting_hafenkante@gmx.de

Die Serie im Netz

http://notrufhafenkante.zdf.
de/

Erstausstrahlung

4. Januar 2007

Das Genre

Kombinierte Arzt- und Polizeiserie, Handlungsort Hamburg

Die Länge

Die Länge einer Folge beträgt
(ohne Werbung) ca. 43 Minuten

Die Musik

Michael Soltau

Die Produktion

Studio Hamburg Produktion

Die Quote

Laut Angaben der ausstrahlenden Sendeanstalt schauen sich im Schnitt 3,6 Millionen Menschen jede einzelne Folge an

Der Drehort

Gedreht wird die Serie ausschließlich an Originalschauplätzen in Hamburg und Umgebung. Lediglich die Innenaufnahmen vom PK 21 und vom Elbkrankenhaus werden in einer Art Studio gedreht (lesen Sie dazu bitte die Seiten 12 bis 18). Alle anderen Szenen werden komplett an Originalschauplätzen produziert.

Gastdarsteller

In einer Serie wie Notruf Hafenkante dürfen auch prominente Gastdarsteller nicht fehlen. So spielten unter anderem Barbara Schöneberger, Lisa Fitz, Till Demtrøder, Oliver Bäßler oder beispielsweise Katy Karrenbauer in der Serie mit. Bitte lesen dazu die Seiten 87 und 88.

Die Redaktion

Die Redaktion im ZDF liegt bei Katharina Görtz und Matthias Pfeifer

Der Produzent

Produzent der Serie Notruf Hafenkante ist Marcus Mende, Producerin Ines Karp

Bildnachlese

Quellenangaben

Der Autor begleitet die Dreharbeiten „Notruf Hafenkante" seit 2006 und besucht Pressetermine zu der Serie. Allgemeine Angaben zu der Serie „Notruf Hafenkante", sowie Informationen über die Darsteller mit ihren Rollen, stammen von Pressemitteilungen des ZDF und Studio Hamburg. Angaben über genaue Drehorte beruhen auf Recherchen des Autors. Alle Fotos dieses Buches sind von Matthias Röhe. Sie enstanden vorwiegend am Set von „Notruf Hafenkante" in den Jahren 2006 bis 2009, sowie bei speziellen Fototerminen zu dieser Arzt- und Polizeiserie.

Über den Autor: Matthias Röhe arbeitet als freier Journalist und Pressefotograf in der Freien und Hansestadt Hamburg. Er beliefert regionale und lokale Tages- und Wochenzeitungen, sowie bundesweit erscheinende Zeitschriften und Illustrierte mit Text- und Fotomaterial. Den Schwerpunkt hat Matthias Röhe auf die Prominentenschiene gelegt. Fast täglich ist der Fotograf auf Presseterminen in Schleswig-Holstein, Niedersachsen, Mecklenburg-Vorpommern, Hamburg und Umgebung unterwegs und fotografiert Veranstaltungen, Filmpremieren, Geschäftseröffnungen und Abendgalas. Zudem hält er sich stundenlang in diversen Pressegräben auf und verweilt in absperrten Pressebereichen am Roten Teppich: Immer auf der Lauer nach Promis.
Setbesuche stehen ebenfalls regelmäßig an, so dass stetig neue Fotos von aktuellen Dreharbeiten dazu kommen. Einen weiteren Schwerpunkt bildet die Fahrzeugfotografie. In seinem Repertoire befinden sich etwa 12.000 Bilder von fast 5.000 verschiedenen Übertragungswagen aus ganz Deutschland und dem europäischen Ausland. Auch die Rubrik Funkhäuser bildet einen Schwerpunkt seines Fotoarchivs.
Abgerundet wird das Archiv mit Fotos prominenter Grabstätten. Matthias Röhe besucht regelmäßig Friedhöfe in ganz Deutschland und fotografiert Promi-Grabstätten. Er ist Inhaber der Firma FoTe-Press – einem Foto- und Text-Dienstleistungsunternehmen in Hamburg. Die Firmenhomepage ist abrufbar unter www.FoTe-Press.de. Weitere Infos auch unter www.drehort-hamburg.de.

Der Buchautor hat folgende Produkte herausgebracht:

Hamburg ist Anziehungspunkt für Film- und Fernsehmacher. Täglich entstehen etliche Sendeminuten in der Millionenmetropole an Elbe, Alster und Bille. Es gibt keinen Stadtteil, der nicht von Filmemachern als Kulisse dient. In seinem Buch „Hamburg – eine Stadt wie im Film" verrät Autor Matthias Röhe Kulissen vieler Serien und Filme. Wo beamen sich die Mädels aus „Emmas Chatroom" nach Hamburg? Wo ist das Revier 14 aus dem Großstadtrevier? Wo jagen die Wächter aus „4 gegen Z" den gemeinen Zanrelot? Wo steht das Kriminaltechnische Institut der Gerichtsmedizinerin? Der Autor gibt Basisangaben der Serien und Filme, beschreibt die Drehorte und zeigt eine Auswahl an Fotos. Hamburg zieht nicht nur Filmemacher in die Stadt, sondern die Hansestadt an der Elbe zeigt sich als idealer Medienstandort. Ein Streifzug durch die Medienlandschaft Hamburgs.

Hamburg ist viel mehr als nur Schauplatz und Drehort. Zahlreiche Prominente aus Film und Fernsehen leben in der Hansestadt. Sie haben Hamburg zu ihrem Dreh- und Angelpunkt gemacht. Buch „Hamburg – eine Stadt wie im Film": ISBN 978-3-8391-1389-9, BoD, Preis: 9,99 Euro.

Diagnose langlebig:

Der Landarzt

Seit 1987 gibt es die Vorabendserie „Der Landarzt". Damit gehört sie zu den ältesten Arztserien im Deutschen Fernsehen. Weil sie seit über 20 Jahren ausgestrahlt wird, gibt es die Sonderzeitung „20 Jahre – Der Landarzt in unserer Region" und seit Mai 2007 das Hochglanzmagazin „Diagnose langlebig: Der Landarzt". Auch veranstaltete die ausstrahlende Sendeanstalt in Hamburg eine große Feier mit Darstellern und den Machern. Sonderzeitung, Hochglanzmagazin – nun noch das Buch, das ebenfalls auf die zurückliegenden über 20 Jahre blickt. Mit vielen Informationen über die TV-Serie, einer genauen Beschreibung „Wo ist Deekelsen" und vielen Fotos von den Dreharbeiten. Tolle Setfotos, Szenenfotos, Portraits und Gruppenfotos von den Darstellern der Serie. Von den Anfängen mit Christian Quadflieg, Walter Plathe bis Wayne Carpendale. Ausführlich geht der Autor auf die Anfänge mit Uschi Glas ein, die während der Dreharbeiten schwanger wurde und die Filmarbeiten beenden musste. Gila von Weitershausen übernahm die Rolle der Annemarie Mattiesen, die den Fernsehzuschauern als beliebte Lehrerin aus Deekelsen bekannt ist. Alle bis zum Jahr 2009 ausgestrahlten Folgen sind chronologisch aufgelistet, zudem stellt der Autor die Hauptdarsteller detailliert vor. Das Buch „Diagnose langlebig: Der Landarzt" ist in jeder Buchhandlung oder unter www.fote-press.de/produkte zu bestellen. ISBN 978-3-8391-3285-2, BoD Norderstedt.

Drehort Schleswig-Holstein

Matthias Röhe

Elf Kreise – unzählige Kulissen. Schleswig-Holstein ist Anziehungspunkt für Film- und Fernsehmacher. Jahr für Jahr entstehen etliche Sendeminuten im Land zwischen den Meeren. In seinem Buch „Drehort Schleswig-Holstein" verrät Autor Matthias Röhe Kulissen vieler Serien und Filme. In welcher Stadt ermittelt „Das Duo"? Wo ist die Praxis vom „Landarzt"? Wo jagen die Wächter von Lübeck in „Vier gegen Z" den gemeinen Zanrelot? In welcher Stadt spürt Hund Kalle den Dieben auf und in welchem Gewässer ermitteln die Wasser- schutzpolizisten der „Küstenwache"? Der Autor des Buches gibt Basisangaben der Serien und Filme, beschreibt die Drehorte und zeigt eine große Auswahl an Fotos. Das nördlichste Bundesland zeigt sich als idealer Medienstandort. Radio- und Fernsehsender, sowie ausgewählte Filmgesellschaften werden in dem Buch vorgestellt. Schleswig-Holstein ist mehr als nur Schauplatz, Drehort und Medienstandort. Zahlreiche Prominente aus Film und Fernsehen leben in Schleswig-Holstein. Sie haben Schleswig-Holstein zu ihrem Dreh- und Angelpunkt gemacht. Ausgewählte schleswig-holsteinische Promis stellt Matthias Röhe vor und verrät bei einigen, in welchem Landesteil beziehungsweise welcher Stadt sie wohnen. Selbstverständlich sind keine genauen Adressen zu erfahren, aber dennoch dürfte es bei Lesern Interesse wecken zu erfahren, in welchem Gebiet Schleswig-Holsteins sie zu Hause sind. Drei Kapitel, ein Buch: Drehort Schleswig-Holstein ist in jeder Buchhandlung oder unter www.fote-press.de/produkte zu bestellen. ISBN 978-3-83702-208-7, BoD Norderstedt.

Drehort Hamburg

Matthias Röhe

104 Stadtteile – unzählige Kulissen. Hamburg ist Anziehungspunkt für Film- und Fernsehmacher. Täglich entstehen etliche Sendeminuten in der Millionenmetropole an Elbe, Alster und Bille. Es gibt keinen Stadtteil, der nicht von Filmemachern als Kulisse dient. In seinem Buch „Drehort Hamburg" verrät Autor Matthias Röhe Kulissen vieler Serien und Filme. Wo ist das Revier 14 aus dem Großstadtrevier? Wo lösen die Pfefferkörner ihre Kriminalfälle? Wo jagen die Wächter von Hamburg den gemeinen Zanrelot? Wo steht das Kriminaltechnische Institut der Gerichtsmedizinerin? Der Autor gibt Basisangaben der Serien und Filme, beschreibt die Drehorte und zeigt eine Auswahl an Fotos.

Hamburg zieht nicht nur Filmemacher in die Stadt, sondern die Hansestadt an der Elbe zeigt sich als idealer Medienstandort. Ein Streifzug durch die Medienlandschaft Hamburgs.

Hamburg ist viel mehr als nur Schauplatz und Drehort. Zahlreiche Prominente aus Film und Fernsehen leben in der Hansestadt. Sie haben Hamburg zu ihrem Dreh- und Angelpunkt gemacht. Buch „Drehort Hamburg": ISBN 978-3-8370-8252-4, BoD, Preis: 11,95 Euro.

Matthias Röhe

Das 14. Revier

Jeden Montag gehen die Beamten des 14. Polizeireviers auf Streife und in der ARD auf Sendung. „Großstadtrevier" ist eine Vorabendserie, die seit dem Jahre 1986 mit großem Erfolg im deutschen Fernsehen läuft. Fast 300 gedrehte Folgen wurden bis 2009 in 23 Staffeln produziert. Im Jahr 2005 wurde die Serie mit der „Goldenen Kamera" als beste Kultserie ausgezeichnet. Die Handlungen lassen sich kurzum erzählen: Polizeialltag auf dem Hamburger „Kiez". Im Buch „Das 14. Revier" erzählt der Autor über die Drehorte, beschreibt die Charaktere der Figuren und stellt die Darsteller vor. Alle bis zum Jahr 2009 ausgestrahlten Folgen im Überblick, eine Auflistung prominenter Gastdarsteller, sowie eine umfangreiche Bilderstrecke runden den Inhalt ab. Eine Besonderheit dürfte die Kategorie Filmfehler sein. So geht der Autor auf formale, inhaltliche und Kamerafehler ein. Zudem sind Interviews mit drei Hauptdarstellern in dem Buch veröffentlicht. Für Fans der Serie ein Muss! Das Buch ist eine ideale Ergänzung zu allen bisherigen veröffentlichten Büchern und Produkten dieser Serie. Viele Szenen- und Arbeitsfotos vom Set! Buch „Das 14. Revier", ISBN-13: 978-3-8391-2690-5, BoD, Preis 9,99 Euro.

Diagnose langlebig:
„Der Landarzt"

Sie gehört zu den beliebtesten Serien im deutschen Fernsehen und ist seit 1987 zu sehen: Der Landarzt. Der Hamburger Pressefotograf und Journalist Matthias Röhe hat ein Hochglanzmagazin über die Serie herausgebracht. Seit acht Jahren begleitet Röhe die Dreharbeiten am Set und kennt sich mit der Serie gut aus. Neben einem Landarzt-ABC mit Begriffserklärungen zur Serie werden aktuelle wie auch frühere Darsteller portraitiert. Auch prominente Gastdarsteller finden im Magazin ihren Platz: Die Ministerpräsidenten Björn Engholm und Peter-Harry Carstensen beispielsweise. „Wir haben Fotomaterial von Uschi Glas, die 1986 die weibliche Hauptrolle besetzte und wegen ihrer Schwangerschaft die Dreharbeiten abbrechen musste. Etwa 60.000 D-Mark wurden damals in den Sand gesetzt", gibt Matthias Röhe einige Details preis. Einen weiteren

Schwerpunkt bildet die Rubrik „Wo ist Deekelsen" mit vielen Geheimtipps über die Drehorte. Hunderte Touristen aus ganz Deutschland, Österreich und der Schweiz fahren jährlich nach Schleswig-Holstein, um sich die Drehorte im Original anzuschauen. Zwei Landarzt-Kreuzwort-Rätsel, ein Landarzt-Rezept – ideal zum Nachkochen, einen Überblick über die einzelnen Folgen, sowie die Rubrik „Gestorben in Deekelsen" – wer alles in den vergangenen Jahren verstorben ist – runden das Informationsmagazin ab. Auf vier Seiten findet sich eine exclusive Foto-Visite mit einmaligen Szenenfotos. Für jeden Landarzt-Fan ist dieses Hochglanzmagazin ein Muss! Das Magazin kann unter www. fote-press.de/deekelsen bestellt werden und kostet nur 2,95 Euro.

Zeitung „20 Jahre Der Landarzt"

Der Vorläufer des Hochglanzmagazins war die am 20. Februar 2007 erschienene Sonderzeitung „20 Jahre Der Landarzt".
Die Serie feierte an diesem Tag ihr 20. Bestehen. Aus diesem Grund gibt es die Sonderzeitung mit interessanten Artikeln rund um die Serie! Das kleine Landarzt-ABC, Interview mit Wanja Teschner alias Till Demtrøder, die Darsteller im Portrait (tolle Fotos der Schauspieler), „Wo ist Deekelsen" mit vielen Geheimtipps (wo die Serie genau gedreht wird), ein Landarzt-Kreuzwort-Rätsel sowie viele Informationen über die Dreharbeiten. Wussten Sie, dass Uschi Glas anfangs vor der Kamera stand und dann den Dreh wegen Schwangerschaft abbrechen musste? Die Sonderzeitung kann unter www.fote-press.de/ deekelsen oder www.fote-press.de/produkte bestellt werden.

100

Der Autor bringt demnächst folgendes Buch heraus:

In absehbarer Zeit stellt Matthias Röhe sein Buch „Erst machst du auf Liebe, dann machst du ´ne Fliege" der Öffentlichkeit vor. Es geht um einen jungen Mann namens Christian, der sich ständig in die „falschen" Frauen verliebt. Ob in früherer Zeit in der Schule, in der Freizeit oder selbst auf der Arbeit. Überall begegnen dem jungen Mann nette, auf den ersten Blick sympathische Frauen. Es kommt zu durchaus netten Gesprächen und lockeren Treffen. Aber, es zieht sich wie ein roter Faden durch sein Leben, nach einer gewissen Zeit ist alles aus. Kein Kontakt mehr. Immer wieder denkt sich Christian: „Es hätte doch wenigstens eine gute Freundschaft werden können. Warum meldet sie sich nicht mehr. Überhaupt nicht mehr?" Christian gibt alles. Er schreibt E-Mails und gelegentlich die eine oder andere SMS und ruft auch immer wieder an. Ansatzweise bekommt er seine Bemühungen erwidert. Aber dann auf einmal ist Schluss. Eine Liebesgeschichte mit mehreren Frauen aus dem Leben von Christian. Demnächst im Buchhandel und unter www.fote-press.de.

Erst machst du auf Liebe...

...dann machst du 'ne Fliege...

Matthias Röhe

Als weiteres Projekt folgt demnächst das Buch mit dem Titel **„Raubtierjournalismus – der Kampf ums beste Bild"**. Darin geht es um einen Fotografen, der Woche für Woche in den Pressegräben Deutschlands steht und am Roten Teppich die Promis abschießt. Ein Kampf ums beste Bild, denn neben ihm stehen Dutzende von „Kollegen", die einem das Leben ganz schön schwer machen. Tricks und Tipps, wie man gute Pressefotos fertigt und hinterher über eine Agentur vermarktet, stehen in dem 148 Seiten umfassenden Buch. Wie kann man mit seinen Bildern Geld verdienen? Worauf kommt es bei einem Foto an? Wie sieht es mit den Rechten aus? Darf ich einfach Promis fotografieren und dann mit den Fotos machen, was ich will? „Raubtierjournalismus – der Kampf ums beste Bild" – ein Fotograf erzählt aus der Ich-Perspektive, wie er tagein und tagaus Pressetermine wahrnimmt, Fotos von Promis produziert, diese hinterher mit einem Programm fachgerecht beschriftet und bearbeitet und diese über diverse Fotoagenturen in Deutschlands Zeitungen und Zeitschriften bringt.

Weitere Buchprojekte und Medienpublikationen sind in Planung. Schauen Sie bitte regelmäßig ins Internet unter www.fote-press. de/produkte. Sobald es Neuerscheinungen gibt, werden diese dort vorgestellt und zum Kauf angeboten.

Das Buch „Einsätze an Hamburgs Hafenkante" erhebt keinen Anspruch auf Vollständigkeit. Da die Serie noch immer aktuell gedreht wird, kann keine abschließende Information mittels dieses Buches transferiert werden. Alle Angaben beziehen sich auf die Jahre 2006 (in dem Jahr wurden erstmals Folgen für die erste Staffel produziert), 2007, 2008 bis Dezember 2009.

Informationen über die Darsteller und deren Rollen kamen vom ZDF. Ein Dank geht insbesondere an die Pressestelle.